本でつながるお隣さん

우리는 책으로 만난 이웃입니다.
책을 사랑하는 누구나 환영합니다.

欢迎来图书馆玩吧!

Saya bertemu dengan teman
Saya di perpustakaan.

즐거운
다문화
도서관

● 일러두기
- 외국 지명과 인명 등은 국립국어원의 외래어 표기법을 기본으로 삼되 내용상 고유명사로 볼 수 있는 명칭은 예외로 작가의 표기를 따랐습니다.
- 책 제목은 『 』, 협약, 곡명, 보고서는 「 」, 잡지, 그림, 영상물은 〈 〉, 독서 관련 프로그램이나 동아리 명칭은 ' '로 표기했습니다.
- 본문에 언급된 도서의 서지 정보는 294쪽 '본문에 등장한 책'에 함께 표기했습니다.

## 즐거운 다문화도서관
언어와 문화의 경계를 허무는 도서관 공동체

ⓒ 정은주 2020

1판 1쇄 발행 2020년 11월 16일

| | |
|---|---|
| 지은이 | 정은주 |
| 펴낸이 | 한기호 |
| 책임편집 | 박혜리 |
| 편집 | 여문주, 오선이 |
| 본부장 | 연용호 |
| 마케팅 | 윤수연 |
| 경영지원 | 김윤아 |
| 디자인 | 이성호 |
| 인쇄 | 예림인쇄 |
| 펴낸곳 | (주)학교도서관저널 |
| 출판등록 | 제2009-000231호(2009년 10월 15일) |
| 주소 | 04029 서울시 마포구 동교로 12안길 14(서교동) 삼성빌딩 A동 3층 |
| 전화 | 02-322-9677 |
| 팩스 | 02-6918-0818 |
| 전자우편 | slj9677@gmail.com |
| 홈페이지 | www.slj.co.kr |

ISBN 978-89-6915-085-1 (03020)
책값은 뒤표지에 있습니다

이 도서의 국립중앙도서관 출판예정도서목록(CIP)은 서지정보유통지원시스템 홈페이지(http://seoji.nl.go.kr)와 국가자료종합목록 구축시스템(http://kolis-net.nl.go.kr)에서 이용하실 수 있습니다. (CIP제어번호 : CIP2020046730)

언어와 문화의 경계를 허무는 도서관 공동체

# 즐거운 다문화 도서관

정은주 지음

학교도서관저널

# 문화 다양성이 존중받는 공간,
# 다문화도서관

다양한 나라에서 서로 다른 사연을 안고 온 사람들이 어우러져 살아가는 안산 원곡동, 이주민과 선주민이 바삐 오가는 어느 거리에 아기자기한 초록색 나무문이 있고, 그 문을 열면 지하로 향하는 계단이 나옵니다. 계단을 내려가면 '안산다문화작은도서관ㅣ고맙습니다'라고 적힌 팻말이 방문객을 맞이하고, 우리나라 최초의 다문화특화작은도서관인 안산다문화작은도서관을 만나게 되지요.

23평의 작은 공간이지만 한국, 중국, 러시아, 캄보디아, 인도 등 23개 언어권의 책 1만 3천여 권을 가지고 있어 국내 다문화도서관 중 원서를 가장 많이 보유한 곳으로 꼽히기도 했습니다.

도서관 이용자의 90퍼센트는 외국에서 온 이주민입니다. 시베리아 벌판에서 부모의 등에 업혀온 아기부터 여든이 훌쩍 넘은 길림성 할아버지까지, 국적은 물론이고 언어와 문화적 배경이 다른 사람들이 책을 읽기 위해 모입니다. 나라별 커뮤니티도 활성화되어 있습니다.

격주로 만나는 인도네시아 선원노동자 모임, 한 달에 한 번 모이는 우간다 노동자들, 중국, 베트남, 태국 등에서 온 결혼이주민 모임 등 80여 개 국적을 가진 도서관 이용자들이 커뮤니티 활동을 통해 한국살이에 필요한 정보를 얻고 서로의 안부도 챙기며 향수를 달랩니다. 저는 이 도서관에서 6년여의 시간을 사서로 지냈습니다. 사서의 시선에서도, 제 개인의 시선에서도 우리 도서관은 참 특별한 곳이었습니다.

1998년, 대구에 있는 한 대학 도서관 사서로 일을 시작한 저는 서울을 거쳐 안산으로 이주하며 2014년, 이 도서관에 둥지를 틀게 되었습니다. 저 또한 긴 시간을 이주민이라는 정체성 안에서 살아온 셈입니다. 하지만 이곳 다문화도서관에서 새롭게 알게 된 사실이 많습니다. 노동을 하기 위해 우리나라에 온 사람들의 존재를 실감했고 중국 동포와 고려인에 대해서도 좀 더 가깝게 느낄 수 있었지요.

아는 만큼 사랑하게 된다고 했던가요. 다문화도서관 사서로 살아가는 동안 여기에서 만난 이용자들을 사랑하게 되었고, 저를 진심으로 아끼는 이용자들의 마음 또한 깊이 느낄 수 있었습니다. 선뜻 시작하지 못하고 계속 불안해하며 걱정하는 저에게 도서관 책이웃들은 늘 '잘한다, 잘한다' 하며 용기를 북돋아주었습니다. 그분들 앞에 서라면 어떤 질문, 고민, 의견도 부끄럽지 않았습니다. 오히려 도서관의 진정한 주체, 주인공이 된 책이웃들은 저의 고민을 자기 이야기처럼 듣고 이런저런 아이디어를 함께 궁리했습니다. 힘겨울 법한 아침 출근길에도 그저 빨리 도착하고 싶은 마음이 드는 곳은 이곳이 처음이었습니다.

이 책은 그 마음을 소중히 간직하며 써 내려간 기록으로, 월간 『학교도서관저널』에 3년간 연재한 우리 도서관 이야기를 새로 쓰고 다듬어 엮은 결과물입니다. 다문화도서관이자 작은도서관인 이곳의 여러 활동과 프로그램을 공유하는 '아주 특별한 도서관 이야기'이기도 하고 먼 곳을 걸어 비로소 도서관에서 만난 사람들의 여행기이기도 하며, 사서로서 좌충우돌한 과정을 담은 성장담이기도 합니다.

국적, 언어, 겉모습을 초월해 상대방을 편견 없이 바라보고 존중하는 이용자들을 떠올리며 글을 쓰다 보니, 문득 이 책이 우리가 관계 맺는 과정과 닮았다는 생각이 들었습니다. 1장에서는 이용자들과 함께 만들어간 '도서관 축제', 다양한 독서 프로그램과 행사에 관해 먼저 풀어냈습니다. 2장부터는 사람들의 관계가 시작되는 순간인 '만남과 연결'에 초점을 맞췄고 3장에서는 그 의미 있는 만남이 '친구와 이웃'으로 확장되는 이야기들을 엮었습니다. 4장에는 친구가 된 사람들과 함께 더 넓은 곳으로 나가 활동한 이야기, 해외 도서관 탐방기 등을 담았습니다. 서랍 속에서 잠자던 제 글을 깨워주었고, 긴 연재 기간 동안 애정으로 원고를 매만지며 귀한 조언을 건네준 최문희 기자와 제 책의 첫 독자가 되어준 편집부에 감사 인사를 전합니다. 도서관이라는 공간을 함께 만들어간 것처럼 이 책을 만드는 과정도 즐거운 잔치 같았습니다. 함께 내용을 읽고 표지를 고르면서 책으로 이어진 우리의 인연이 공간을 넘어 서로를 아우르고 있다고 생각되었습니다.

"다문화도서관에서만큼은 외국인이라는 생각이 들지 않았어요."
도서관에서 인연을 맺은 독서동아리 회원에게 얼마 전 들은 이야기입니다. 우리가 마주한 도서관은 상대방이 어디에서 태어났는지, 어디 출신인지보다 사람이 지닌 여러 모습과 정체성 그 자체를 들여다보는 만남이 끊임없이 일어나는 곳이었나 봅니다.
타인의 작은 이야기들도 커다란 울림으로 다가오는 곳, 서로 닮아가기도 하고 나의 새로운 모습을 발견하기도 하는 곳, 삶을 풍요롭게 하는 책을 만나는 곳, 책을 함께 읽으며 한 인간으로 존중받는 법을 알아가는 곳! 저는 아직 이러한 공간을 꿈꾸고 있습니다. 그리고 세상 모든 도서관이 피부색, 국적, 언어를 초월해 다양한 문화가 공존하는 공간으로 거듭나길 바랍니다. 도서관에서 함께 같은 꿈을 꾸었고, 그 바람이 완성되는 순간에도 같이 있어줄 책이웃, 책친구 들이 있기에 머지않아 이뤄낼 수 있지 않을까요?

2020년 11월, 정은주

## 차례

여는 글 / **4**

### 1장 | 함께하면 무얼 하든 축제

나는 우리 도서관의 주인공입니다 / **13**
언어 장벽을 허무는 '영상 책' / **21**
"풀들에게 낭독을!" 함께 가꾸는 열린 텃밭 / **30**
도서관 Mhz, 여기는 다문화 라디오입니다 / **37**
앉아 듣는 워크숍 대신 신나게 뛰노는 플레이숍 / **46**
도서관에서 미용실을 연다고요? / **54**
세계로 독서 여행을 떠나는 시끌벅적 북콘서트 / **62**
내가 쓴 물건들이 지구 반 바퀴 / **70**
  ■ 사서의 밑줄 1 – 신나는 프로그램을 만들어볼까? / **80**

### 2장 | 찾아가고, 맞이하고, 마주하고

세상에서 가장 작은 도서관 / **89**
우리 도서관의 각양각색 독서동아리 / **99**
우리 도서관은 우리가 지킨다! / **108**
어느 날 엽서가 도착했습니다 / **116**
특별한 도서관의 엉뚱한 북큐레이션 / **123**
나만의 발자취를 도서관 서가로 / **131**
이보다 특별한 '작가와의 만남'이 있을까? / **138**
작품 '보는' 사람에서 '만드는' 사람으로 / **144**
  ■ 사서의 밑줄 2 – 다른 나라 책을 구하기 어렵다고요? / **151**

## 3장 | 그래서 우리는 친구입니다

오직 한 사람만을 위한 도서관 / 159

모두에게 '똑같이 새로운' 언어 / 167

우리의 역사가 된 도서관 일기 / 176

제 친구를 소개합니다 / 184

길을 떠나온 사람들을 위한 대화 모임 / 193

다정다감 책친구, 우즈베키스탄 아이들 / 200

고려인 아이들과 함께 그리는 미래 / 206

돌보고 연대하는 공간이 되어 / 214

■ 사서의 밑줄 3 – 지역 공동체와 손잡고 나아가기 / 220

## 4장 | 더 많은 경계를 허물고

캄보디아로 띄워 보낸 작은 씨앗 / 229

모이돌라 작은도서관의 의미 있는 날갯짓 / 237

네팔에서 만난 책과 사람 / 242

요코하마에서 만난 '영상 책'들 / 252

베트남 어린이다문화도서관 방문기 / 258

나의 책친구가 있는 캄보디아 / 264

대만에서 찾은 한국 / 271

■ 사서의 밑줄 4 – 공모 사업과 친해지기 / 277

**부록**
- 다문화도서관 사서의 대화법 / 282
- 다문화도서관은 어떤 철학을 바탕으로 운영되어야 할까? / 287
- 추천 – 다문화도서관에서 함께 읽으면 좋은 책 / 291
- 본문에 등장한 책 / 294
- 추천의 글 / 297 • 도서관 이용자들의 한마디 / 300

## 1장

# 함께하면 무얼 하든 축제

● ●

이용자가 스스로 만들어가는

책 프로그램을 열고픈 간절한 바람이

어느새 영화제가 되고 반상회가 되었다.

왁자지껄 한바탕 함께하는 축제의 장이 열리면

서로 다른 터전에서 살아온 사람들도

마음의 경계를 허물지 않고는 못 배기기 마련이다.

# 나는 우리 도서관의 주인공입니다

80여 개의 다른 문화적 배경과 언어를 가진 사람들이 도서관에 모여 부담 없이 책 이야기를 나누려면 어떤 프로그램이 필요할까? 도서관에서 기획하고 이용자들은 참여하기만 하는 '수동적' 방식에는 큰 기대를 걸 수 없었다. 나는 이용자들을 관찰하기 시작했다. 이런저런 고민 끝에 먼저, 우리 모두가 주인공이 되는 잔치를 열게 되었다.

한 달에 한 번, 세 번째 금요일에 우리 도서관은 변신을 한다. 집에서 직접 구워온 고구마와 감자가 등장하고 깨끗하게 씻은 방울토마토와 포도가 서가 앞에 먹기 좋게 놓인다. 피자 가게를 하는 이웃은 맛있게 구운 피자 몇 판을 선뜻 가져온다. 도서관 안에서 음식을 나누어 먹을 수 있는 유일한 시간. '지구인 금요책반상회' 날이다.

웃음과 대화가 넘치는 책반상회

## 마음을 나누는 사이, 우리는 책이웃!

이주민 사회에서는 누구를 위해 음식을 준비하고 같이 먹는다는 일이 참으로 큰 의미를 가진다. 많은 이들이 마음을 주고받은 후에야 음식을 한자리에서 먹을 수 있다고 믿기 때문이다. 게다가 자신이 직접 준비한 음식을 가져와서 나누는 일은 그만큼 서로를 아끼고 응원하는 마음을 표현하는 뜻이라고 한다.

책반상회가 열리는 금요일 낮 12시가 되면 사람들이 삼삼오오 도서관에 모인다. 첫 만남은 어색했지만 음식을 함께 먹고 읽은 책의 소감을 나누면서 우리는 서로 안부를 묻는 '책이웃'이 되었다.

책반상회 오프닝에는 종종 멋진 공연이 펼쳐진다. 도서관에서 동화 구연을 처음 배운 계명 선생님이 만든 동화 구연 동아리 '반짝반짝 여우별'도 이 무대로 정식 데뷔를 했다. 주말마다 연습을 열심히 하더니 실력을 인정받아 가까운 초등학교에서 공연 제안을 받았는데, 너무 떨려 무대 경험이 필요하던 차였다.

〈전국노래자랑〉 예선에 나간 적 있는 미선 선생님은 우리 모두 도서관에서 만난 소중한 인연이라며 이선희의 「인연」을 들려주었다. 어디를 가나 최고 어른 대접을 받는 박 할아버지는 책반상회에 오면 아흔을 앞둔 중국 할아버지들을 만나 수줍게 형님 대우를 하는 동생이 된다. 영달 할아버지는 책반상회에서 칠십 평생 피자를 처음 먹어봤다고 했다. 고려인들이 모여 사는 땟골 삼거리에서 피자 가게를 하는 책이웃이 가져다준 피자이다.

"우리 집 피자가 좀 맛있습니다, 어르신."

영달 할아버지도, 가게 주인인 책이웃도 표정이 싱글벙글, 어깨가 으쓱으쓱이다.

직업소개소에서 허탕을 치고 출신국의 책을 읽으러 온 청년들은 자기소개 시간 내내 먹거리에서 눈을 떼지 못했다. 그 친구들에게 힘내라, 많이 먹어라 하며 빵 한 조각, 김밥 한 줄 더 건네는 책이웃들. 쑥스러워서인지 도서관에 들어설 때마다 사람들 눈길을 피하던 청년들은 책반상회 이후 깍듯이 인사하며 도서관 문을 열었다.

## 라디오 공개방송에서 레드 카펫까지

어느 해 5월 책반상회에서는 안산에서 활동하는 연주자가 「야래향」이라는 중국 노래를 오카리나로 들려주었다. 파키스탄에서 온 오벳 선생님이 일일 셰프가 되어 음식을 나눠 준 책반상회도 호응이 컸다.

두 달 동안 진행했던 '지구인마을 라디오 제작 교육'의 졸업 무대로 공개방송을 한 책반상회도 있다. 라디오 장비 앞에서 부들부들 떨던 '다도자'('다문화작은도서관에서 모이자'의 줄임말) 팀은 어느새 멋진 프로듀서와 진행자가 되어 우리 도서관을 소개하고 독서의 길을 인도하는 안내자가 되어 있었다.

어느 9월에는 독서의 달을 맞이해 참가자 소개도 생략하고, 갖고 온 책을 한 시간 동안 오롯이 읽는 시간도 보냈다. 이날 원단 공장에서 후원한 붉은 천으로 건물 입구에서부터 도서관 출입구까지 레드 카펫도 깔았다. 가족과 함께 온 성애 선생님이 오늘 무슨 날이냐고 물어 '독서의 달 기념'이라고 하니 "독서의 달이 설날, 추석보다 대단하네요!"라고 해 모두가 한바탕 웃었다.

어릴 때부터 성우가 꿈인 이 선생님이 갓을 쓰고 나와 안산의 '한 도시 한 책'으로 지정된 『조선이 버린 천재들』을 낭독해준 책반상회도 있다. 우리는 책 읽어주는 목소리에 집중했고, 그 목소리에 반해 낭독이 끝났을 때 아쉬워하는 사람이 많았다. 다음 책반상회 때 또 낭독해 줄 것을 약속하고 나서야 이 선생님은 자리에 앉을 수 있었다.

책 주제와 복장까지 완벽히 맞춘 이 선생님의 멋진 낭독!

## 손님들이 주체가 되는 잔치 마당

책반상회 때는 도서관이 주도하는 특별한 프로그램을 진행하지 않고 참가자 모두가 하고 싶은 대로 한다. 도서관에 매일 나오는 분들이고, 책을 많이 읽는 애독자들이라 대부분 책 이야기가 오간다. 그달에 도서관에서 읽은 책들을 권하기도 하고 도서관 프로그램에 참여한 소감을 이야기하기도 한다. 누군가 추천한 책은 꼭 다른 분이 대출해 간다. 반상회의 효과가 바로 나타나는 셈이다.

도서관에 와서 이런 프로그램을 하고 싶으니 만들어달라는 간곡한 부탁도 반상회에서는 편안하게 꺼낸다. 파키스탄에서 온 위키는 파키스탄 책이 너무 적다고 더 사주면 좋겠다고 하여, 그의 의견이 다음 수서에 적극 반영되었다.

어떤 사람은 도서관이 너무 춥다고 하고 어떤 사람은 도서관이 너무 더워 답답하다고 해 적당한 실내 온도 유지를 위한 토론이 이어지기도 했다. 결론은? 워낙 작은 도서관이라, 춥다고 느끼는 이용자는 난방기 가까이에서, 덥다고 느끼는 이용자는 서가 뒤쪽에서 책을 읽는 것으로 결론지었다.

도서관의 일등 이용자 광철 할아버지는 책반상회 참여 소감을 쓴 글로 지역 백일장에서 상도 탔다. 상장은 도서관에 두라며 다음 날 가져왔는데 모두 이곳 도서관 덕분이라는 인사도 잊지 않았다.

이런 이야기들은 평소 나의 촘촘하지 못한 그물망을 빠져나갔다가 책반상회를 통해 다시 건져 올려지는 것들이다. 혼자서는 결코 알아낼 수 없는 이야기들, 할 수 없었던 일들이 이 시간을 통해 이뤄진다. 무엇보다 한 번에 모이기 힘든 사람들이 같은 시간에 도서관에서 서로 인사하고 책 이야기를 나누며 자연스럽게 가족 같은 공동체가 형성되었다는 점에서 책반상회는 참 근사한 모임이라고 생각한다. 참가자 대부분이 국제이주민이고, 그중 과반수는 일을 하기 위해 혼자 한국에 와 있는 분들이다. 책반상회를 시작한 2017년에는 11개국 177명이 서로 인사를 나누고, 같이 음식을 먹고, 책 이야기를 주고받았다. 참여자들은 해를 거듭할수록 늘었다. 이 멋진 일을 해낸 우리 도서관 이용자들이 금요책반상회에서 나눈 이야기를 엮어『작은도서관에 모인 지구인들의 이야기: 나는 우리 도서관의 주인공입니다』를 펴내기도 하였다. 작지만 근사한 출판기념회도 열고, 낭독회도 가졌다.

책반상회는 사서인 나에게 관계의 외연을 넓혀준 일이기도 하다. 나는 원래 혼자 놀기를 좋아하는 사람이었다. 누구를 만날지 모르는 큰 행사나, 스스로를 소개하며 어색하게 앉아 있어야 하는 자리는 되도록 피하려고만 했다.

하지만 우리 도서관 책반상회만큼은 달랐다. 나는 주최자이기도 했다가 때로는 꼭 손님 같기도 했다. 이야기를 듣고 있노라면 시간 가는 줄 몰랐고 서로 자리를 뜨기 힘들 때가 많았다. 모두가 긴장을 풀고 마음을 열어놓으니 서로가 어느 나라에서 왔는지, 어떤 언어를 쓰고 어떤 문화에 익숙한지는 중요하지 않았다. 책이라는 공통의 관심사를 공유하고 취향을 존중하며 저마다의 삶을 진솔하게 나눌 뿐이었다. 그렇게 맺은 인연이 끈끈한 이웃 공동체가 되는 경험, 새롭게 친구가 된 '우리'를 가로지르는 이 벅차오르는 경험이 다른 많은 도서관에서도 생겨나길 기대해본다.

> **TIP 도서관 책반상회 꾸리기**
>
> ❶ 매달 특정 일자를 정하고 이름을 붙인다.
>   (예: 넷째 주 목요일의 '목요책반상회' 등.)
> ❷ 모임 당일에는 소개할 책 한 권과 나누어 먹을 간단한 음식을 가져온다.
>   (과자나 음료 등 간식거리도 좋다.)
> ❸ 반상회의 백미! 참가자 모두 자기소개를 한다.
>   (서로 잘 몰랐던 이용자들과 책이웃이 되는 시간을 보낼 수 있다.)
> ❹ 이달에 읽은 책, 프로그램 참여 소감, 도서관에서 하면 좋을 것 같은 프로그램 등에 관해 이야기를 나눈다.
> ❺ 가지고 온 음식들을 함께 나누어 먹는다.
> ❻ 책반상회마다 찰칵! 단체 기념사진을 찍는다.
> ❼ 한 달 동안의 도서관 이야기를 모아 반상회보를 만들면 이야깃거리가 더 풍성해진다.

# 언어 장벽을 허무는 '영상 책'

이용자들이 마음을 나누는 책반상회 같은 자리도 있다면 '도서관 활동'이라 부를 만한 체계적인 프로그램도 있어야 한다. 나는 다양한 나라에서 온 이주민과 지역에서 쭉 살아온 선주민까지 모두 주체적으로 참여할 수 있는 독서 프로그램을 기획하기로 했다. 이에 관해 이주배경 청소년들과 이제는 지역 주민이 된 이주노동자들과 먼저 이야기를 나눠보았다.

우리 도서관에는 할머니, 할아버지 들도 자주 찾아오지만, 프로그램 참여 욕구는 청소년과 2, 30대 청년들이 높았다. 이들의 한국어 실력이 제각기였기 때문에 책 속 텍스트를 이용한 프로그램은 진행하기 힘들었다. 그래서 생각한 것이 영상을 이용하는 방안이었다. '웰컴! 크로스미디어 라이브러리 프로젝트'는 그렇게 탄생되었다.

## 내가 만든 영상이 미디어 자료로!

'웰컴!'에는 도서관과 접점이 없던 잠재적 이용자들을 발굴해 새롭게 맞이하고 환영하겠다는 의미가, '크로스미디어'에는 상대방의 삶을 영상으로 기록하며 서로를 향한 이해를 높여 화합과 소통을 해나가겠다는 의미가 녹아 있다.

노인은 청년을, 공단에서 일하는 지역 주민은 이주노동자를, 결혼이주민들은 노인과 청소년을 영상에 담고, 이주배경 청소년과 일반 청소년들은 함께 공동 영상을 만들기로 했다.

제작자들이 스토리를 주체적으로 생산하고 수정할 수 있으며, 누구나 쉽게 열람할 수 있도록 도서관이 지원하겠다는 뜻으로 '라이브러리'라는 말도 빼놓지 않았다. 무엇보다도 새로운 창작자와 도서관 이용자를 발굴할 수 있으리라는 기대로 설렜다.

먼저 안산에 있는 이주노동자, 비정규직 노동자, 지역 주민 등 다양한 도서관 이용자가 미디어 제작 교육을 받았다. 직접 영상을 만들다 보면 누구나 감독이 되고, 주인공이 될 수 있다. 다른 사람과 나누고자 하는 이야기의 실체를 강력하게 드러낼 수도 있다. 영상 콘텐츠는 누구나 쉽게 이용하고 보유할 수 있어 도서관에서는 좋은 자료가 된다. 특히 언어적인 제약이 많아 텍스트로 책 내용을 알기 힘든 이용자에게는 쉽게 접근할 수 있는 또 다른 형태의 책이 된다. 그 '책'들의 작가들이 또 하나의 새로운 세계를 도서관으로 불러들이는 것이다.

## 마을의 작은 축제 – 우리동네 깐영화제

함께 활동하는 사람들 중에는 유독 영화 보기를 좋아하는 사람들이 있었다. 여느 때처럼 영화 한 편을 보고, 서로의 감상평을 나눈 날이었다. 한 명이 이야기했다.
"감독이 무엇을 이야기하고 싶어서 영화를 만들었을까요? 저도 저의 이야기를 영화로 만들고 싶어요. 우리 한번 해보면 어떨까요?"
이렇게 하여 십여 명의 참여자들이 영상으로 우리의 삶을 '줌-인!' 해보겠다는 의지를 담아 '안산줌인'이라는 영상 제작 동아리를 꾸렸다. 모두 퇴근을 하고 도서관에 모여 졸린 눈을 비비며 스토리보드를 짜고 편집 툴을 배웠다.
초반에는 동아리 멤버를 포함한 참여자들이 우리가 하고 싶은 이야기를 영상으로 만들어본다는 즐거움만 갖고, 작품성이나 시나리오 같은 것은 고려하지 않은 채 촬영 컷들을 붙여나가기만 했다.

하지만 제작자들의 실력이 일취월장하여 그해 8편의 단편 영화가 탄생했고 그 작품을 상영하는 동네 영화제도 열었다. 프랑스 칸영화제에 버금가는 자부심으로 "이제는 깐느 간다!"라는 뜻에서 만들어진 '우리동네 깐영화제'이다.

'첫' 작품을 '처음' 상영하는 영화제 '첫 회'였지만 구성만큼은 알차고 번듯했다. 우리는 드레스 코드도 맞추고 포토존과 레드 카펫도 만들었다. 작품마다 감독과의 대화도 마련했고, 투표로 남우주연상과 여우주연상도 선정했다. 개막식과 축하공연에 폐막식까지, 어엿한 영화제이자 모두가 함께 어울리는 잔치였다. 이 과정을 통해 '좋은이웃'이라는 지역의 공동체, 다른 도서관 동아리들과도 알게 되었다. 우리 곁에는 든든한 이웃이 있었다.

나는 〈행복에 관한 이야기〉라는 제목으로 도서관을 자주 찾는 이주노동자 중 여성들에게 행복을 주제로 인터뷰한 영상을 만들었다. '우리는 노동력을 원하였지만 우리 곁에 온 것은 사람이었다.'라는 메시지를 담은 4분이 채 안 되는 영상은 제9회 이주민영화제 상영작으로도 선정되었다. 캄보디아어와 영어로 자막을 붙여 서울의 큰 상영관에서 선보이기도 했다. 심사위원의 추천사는 다음과 같았다.

"매우 거칠고 서툴지만 진솔하다. 이러한 영상이 우리의 희망이다."
그해 나를 포함하여 우리 동네에는 여덟 명의 감독이 탄생했다.

이 경험 덕분에 우리는 6년 동안 꾸준히 동네 영화제를 개최할 수 있었고, 주변의 것을 좀 더 자세히 보려고 노력하는 사람이 될 수 있었다.

### '나'와 '우리'를 발견하다

'웰컴! 크로스미디어 라이브러리 프로젝트'는 깐영화제에서 그치지 않고 '이주노동자들의 옥상영화제' 그리고 참여한 공동체들이 영상을 통해 소통할 수 있는 '함께영화제'까지 이어졌다. 특히 '함께영화제'에서 영상을 기획하고 행사를 진행해 가는 순간은 서로를 이해하는 계기가 되었다.

필리핀 엄마를 둔 열 살 영준이는 형과 누나 들이랑 공동 영상을 만들고 같이 제목도 붙여 함께영화제에 출품했다. 좀 더 잘 만들 걸 하는 후회도 따랐지만 프로젝트에 참여하면서 크게 느낀 점이 있단다. 평소 할아버지나 할머니가 이야기하는 것은 재미없어서 듣는 척만 하기 일쑤인데 영화제에 참여하면서 다른 할아버지, 할머니가 만드신 영상을 보니 상당히 재미있더라는 것.

"이제는 어른들 이야기도 열심히 들어봐야겠어요. 그리고 엄마한테도 이 프로그램에 참여하자고 얘기할래요."

비정규직으로 일하던 지원 씨는 평소 이주노동자에 관해 부정적이었다고 했다. 자신의 일자리를 빼앗아간다고 생각했던 터라 그들을 영상으로 담는다고 했을 때, 이 프로그램에서 빠질까 고민했었다고. 그러나 촬영을 위해 일주일을 이주노동자들과 함께 다니며 그들 또한 자신처럼 힘들고 고단한 삶을 꿋꿋이 살아가고 있음을 알게 되었다. 한국에서 돈을 벌기 위해 큰 비용을 지불하며 이주노동의 기회를 얻었지만 열악한 거주 환경, 언어와 문화 차이에서 오는 불편함, 출신국에 대한 그리움 등으로 어려워하는 사람들. 그들이 씩씩하게 생활하는 모습을 담으면서 지원 씨는 몇 번이나 눈물을 훔쳤다고 한다.

초등학생 딸아이를 둔 결혼이주민 송이 씨는 자신의 모습을 영상에 담겠다고 계획했다. 출퇴근 시간 버스에서의 모습, 일하는 모습을 셀카봉으로 3일 동안 찍었다. 편집을 앞두고 그동안 찍은 영상들을 집에서 보는데 그렇게 눈물이 나더라는 것이다. 평소 밝은 미소로 주변 사람들에게 긍정 에너지를 전파하던 그녀의 말에 나는 꽤 많이 놀랐다.

"여기서 딸도 낳고, 남편도 잘해주고…… 나름 잘 살고 있다고 생각했는데요, 제가 찍은 저를 보니 어쩐지 측은한 마음이 들었어요. 이 사회에서 힘들게 견디고 있구나 하는 생각을 했지요."

## 마을 축제가 다른 도시로, 다른 나라로!

이용자들이 연 작은 영화제는 우리 이웃들과 친구들, 도서관 사람들의 일상을 들여다보게 해주었다. 짧게는 3분, 길게는 50분 분량의 영화를 만들어 자신의 꿈, 지역에서의 삶을 이야기했다.
우리는 도서관에서 관객을 만나기도 했고, 지역 영화 상영관의 스크린에 영상을 올리기도 했다. '제4회 우리동네 깐영화제'는 안산의 청년들이 운영하는 예술장터 '마켓 포레스트'와 함께 진행했다. 저마다의 이야기를 건넬 수 있는 곳이면 어디든 판을 열었다.
2016년과 2017년에는 인천 인권영화제에 초청되어 새로운 관객들과 이야기를 나누었다. 2017년부터는 해외 영상 제작 워크숍을 열

청소년부터 어르신까지 우리 도서관 영화감독들!

어 현지의 예술가, 영화를 만나며 시야를 넓히고 있다. 2018년에는 청주의 작은 책방에서 공동 제작 영상을 상영하며 그곳 주민들과 밤하늘 총총 뜬 별들을 보기도 하고 꿈을 나누는 즐거움에 대해 이야기를 주고받기도 했다. 혼자서는 결코 할 수 없는 일들을 우리는 '함께' 이뤄냈다.

우리의 소박한 영상이 그러하듯 그리고 영화제를 통해 만난 이웃들이 그러하듯, 소소하지만 가까이 있는 것들을 자세히 들여다볼 때 우리의 삶은 행복에 가까워진다. 지금과는 조금 다른 삶을 원하고 있다면 카메라의 눈을 통해 삶의 해상도를 높여보는 게 어떨까. 그 작은 '들여다봄'을 시작으로 나와 타인을 깊이 이해하며 잔잔한 일상을 특별하게 해줄 축제 한가운데에 서 있을지도 모를 테니 말이다.

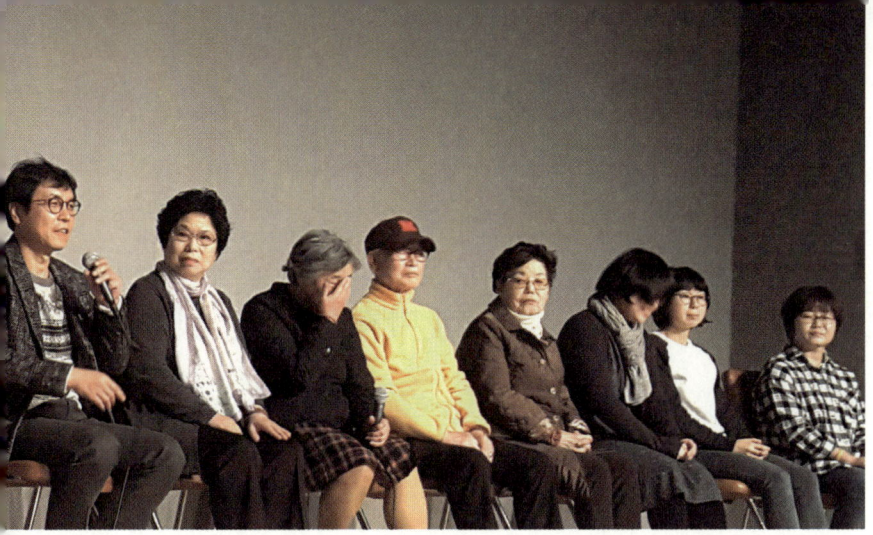

> **TIP**  누구나 감독이 되는 '크로스미디어 라이브러리'

❶ 독서 모임이나 도서관 동아리를 대상으로 크로스미디어에 참여할 이용자들을 모집한다.
 (처음 진행할 때 세 모둠 정도가 좋으며 모둠별 네다섯 명이 적당하다.)
❷ 스마트폰으로 동영상 촬영하는 법을 함께 공부한다.
❸ 서로 영상에 담을 모둠을 선정하여 촬영할 모둠과 출연할 모둠이 만들 영상과 관련해 기획회의를 한다.
❹ 일정 기간 영상을 찍어 영상 편집 앱 또는 무비메이커 등의 프로그램으로 편집한다.
❺ 작은 영화제를 개최하여 상영한다. 이때 감독과의 대화는 필수!
 (도서관에서 열리는 '도서관영화제', 계단에서 하는 '계단영화제' 등 작지만 특별한 장소에서 하는 영화제를 추천한다.)
❻ 제작된 영상 콘텐츠는 도서관에서 소장하고 누구나 볼 수 있게 한다.
❼ 다양한 영상 공모전에도 도전해본다.

# "풀들에게 낭독을!" 함께 가꾸는 열린 텃밭

우리 도서관에는 도서관만큼이나 아담한 텃밭이 있다. 이 텃밭을 통해 국적, 언어, 문화가 다른 이들이 만났다. 함께 흙을 다듬고 채소를 심고 가꾸면서, 마음의 벽을 허물고 자연스럽게 서로에게 다가설 수 있게 되었다. 밭을 일구는 우리 모두는 지구별을 사랑하는 농부가 아닐까. 게다가 이 농부들은 함께 모여 새싹들에게 책을 읽어주기도 한다.

## 2015년 봄, 그 시작

도서관 텃밭 프로젝트는 2015년에 시작되었다. 독서자조모임에서 만난 베트남, 스리랑카, 캄보디아, 중국 이주노동자들과 누구나 어울려 할 수 있는 활동이 뭘까 논의하다 불쑥 나온 이야기가 텃밭을 일궈보자는 것이었다. 이주노동자 대부분은 일자리를 따라 지내는 곳을 자주 옮겨야 해서 지속적인 관심과 활동이 어렵다는 걱정 섞인 이야기도 나왔다. 하지만 안산에 머무르는 동안, 그리고 우리 도서관과 함께 책 읽기 활동을 하는 동안만이라도 채소를 함께 가꿔보자는 의견이 모아졌다.

먼저 도서관에서 20분 정도 걸어가면 만날 수 있는 도시 텃밭을 신청해 5평을 분양받았다. 이 밭에 어떤 채소를 심을 것인지 논의하면서 각자가 만들고 싶은 농장에 대해 이야기했다. 거의 모든 참여자의 출신국이 농업을 주업으로 삼는 곳이다 보니 어렸을 때 밭을 돌본 이야기, 고향에서 농사를 짓는 부모님과 형제자매 이야기가 시간 가는 줄 모르고 이어졌다.

## 행복한 116명의 '지구별 열린 텃밭' 농부들

우리는 매주 토요일, 도서관에서 만나 텃밭까지 함께 걸어갔다. 4월에는 텃밭으로 가는 길에 종묘사에 들러 상추, 치커리, 쪽파, 오이 등의 모종을 사 함께 나누어 들고 간다. 길거리에서 파는 호떡을 사먹으며 가기도 한다. 어느 날이든, 텃밭으로 향하는 우리들의 발

걸음은 세상 누구보다 활기차고 가볍다.

텃밭의 채소들이 자라기 시작할 때쯤이면 새로운 일자리를 찾아 안산을 떠나는 사람이 많아진다. 이들 대부분은 떠나면서도 텃밭에 대한 관심을 놓지 않았다. 안성, 금산 등에서 일하게 되었으면서도 "한 달에 한 번은 주말에 찾아와 텃밭을 돌보마." 하고 약속을 하는 사람들이 있었다. 그들은 약속대로 주말에 살짝 들러 텃밭에 물을 준 후 인증샷을 찍어 보내주곤 했는데, 밭 앞에 선 모습이 참 행복해 보였다.

봄에 모종을 심는 일은 대부분 일자리가 귀한 한겨울을 보낸 이주노동자들이 한다. 이들은 능숙하게 흙을 뒤집고 고랑을 만들고 채소를 심었다. 스물여덟 살 캄보디아 청년 랭포은 씨는 세상에서 가장 아름다운 빛깔이 밭을 뒤집어 일군 직후의 진한 흙빛과 거기에 심은 채소 잎의 연두색이라고 했다.

이들이 일자리를 찾아 떠나갈 때쯤이면 도서관의 독서동아리 가족이 텃밭 돌봄을 맡는다. 텃밭을 오가며 서로 마주치는 일이 꽤 있는데, 같은 나라에서 온 이주노동자와 다문화 가정의 엄마가 만나 고향의 안부를 묻기도 한다. 우즈베키스탄, 캄보디아, 몽골, 중국, 베트남 등에서 온 결혼이주민들도 채소가 마르지 않게 물을 주고 벌레를 잡거나 잡초를 뽑아준다. 주말이면 가족과 함께 텃밭에 나오기도 한다. 헤아려보니 텃밭을 시작한 첫해에는 5평의 텃밭을

116명의 농부가 가꾸었다. 그다음 해는 밭도 함께하는 농부들도 모두 2배로 늘어났다.

## 그림책을 들고 자라는 새싹과 우리들

매주 텃밭에 갈 때마다 챙겨야 할 것이 있다. 뜨거운 태양으로부터 얼굴을 보호할 챙 넓은 밀짚모자, 물조리개 그리고 그림책이다. 나는 텃밭에 갈 때마다 참가자에게 책을 하나씩 준비하라고 일러두었다. 우리 프로젝트는 사실 채소들에게 책을 읽어주려는 목적도 있었으니까!

처음에는 도대체 이게 뭐 하는 거냐며 다들 쑥스러워한다. 독서에 익숙하지 않은 이주민이 많기 때문에 강요하지는 않는다. 텃밭에 둘러앉아 마음에 드는 꽃이나 새싹 앞에 앉아서 쉬라고 한다. 그러다 보면 가져온 책을 꺼내서 읽는 사람들이 하나둘씩 생겨난다. 누군가는 소리 내어 읽기도 한다. 순간, 우리를 비추던 밝은 햇살과 살랑거리는 바람들 사이에서 푸른 잎들이 우리의 이야기에 귀를 기울이고 있음을 알게 된다.

우리는 텃밭에서 사람들과 어울리고, 책을 만났으며, 자연을 마주했다. 텃밭의 꽃과 채소에게 책을 읽어주는 활동은 생각보다 많은 것을 느끼게 했다. 우즈베키스탄에서 다섯 살부터 할머니의 농사

채소들에게 책 읽어 주기는 점점 익숙해진다!

를 도왔다던 따냐의 눈에도, 고랑에 불쑥 나온 풀을 향해 『너는 어떤 씨앗이니?』를 읽어주던 페이 선생님의 눈에도 눈물이 고이는 모습을 보았다. 페이 선생님은 "너는 어떤 꽃을 피울래?"라는 문장을 끝으로 그림책을 덮었다. 뜨거운 햇살에도 아랑곳하지 않고 힘을 모아 잡초와 돌들을 솎아낸 땅이 제법 정돈되어 보였다.

때로는 고되고 때로는 삭막한 일상 속에서도 도서관에서 함께하는 시간을 귀하게 여기며 기꺼이 발걸음하는 사람들. 우리 각자의 힘든 시간은, 그리고 이곳에서 책과 함께하는 시간은 훗날 어떤 꽃으로 피어나게 될까? 자연 앞에서 책과 함께 온전히 자신을 들여다보고 위로하는 책이웃들과 함께 있자니 덩달아 뭉클해지는 순간이었다.

> **TIP 세상 모든 존재에게 책 읽어주기**
>
> ❶ 책을 읽어줄 대상을 정하고 주위에 프로젝트를 알리는 표식을 한다.
>   (화분, 인형, 강아지, 고양이 등.)
> ❷ 프로젝트 기한, 이용자당 일일 최대 참여 횟수, 책 읽어주기 시간 등 규칙을 정해 알림판에 공지한다.
> ❸ 대상 옆에 독서 노트를 준비한다.
>   (날짜, 시간, 읽어준 책 제목, 페이지, 읽어준 사람, 낭독자의 한 줄 소감으로 구성.)
> ❹ 자율적으로 참여하도록 독려하고 책을 읽어줄 때는 어떤 방해도 하지 않는다.
> ❺ 일정 기한을 정하여 시간이 경과하면 대상을 바꾸는 것도 괜찮다. 연말에 참여자가 읽어준 책들을 낭독 장소에 전시해도 좋다.

# 도서관 Mhz,
# 여기는 다문화 라디오입니다

다양한 문화적 배경을 가진 이용자들이 책을 읽으러 온다는 소문을 듣고, 방송 교육 단체들이 관련 지원 사업을 함께하자며 연락을 해왔다. 몇 번이나 고민했지만 방송에는 울렁증이 있고 많은 장비와 복잡한 과정에 막연한 두려움을 느껴서 선뜻 프로그램을 기획할 수가 없었다. 이야기를 나눠보니 이용자들도 나와 똑같은 생각을 가지고 있는 듯했다. 그러나 올 것이 오고 말았다. 책반상회에 온 한 이용자가 "내 목소리로 내 이야기를 하고 싶다."라고 말을 꺼낸 것이다. 순간 머리에서 시원한 바람이 획 지나갔다. 드디어 때가 되었구나!

## 방송에 대한 두 가지 반응

우선 라디오 제작 교육 프로그램을 짰다. 방송에서 이야기할 주제를 정하고 비슷한 주제를 가진 참여자끼리 팀을 나누었다. 그리고 온라인에서 일정 기간 규칙적으로 방송하는 것을 목표로 삼았다. 서울에서 훌륭한 지역라디오 PD님도 모셔왔다.

기존 신청자 외에 좀 더 참가자를 모으기로 했다. 도서관에 오는 이용자들에게 라디오 방송 교육을 함께 받아보면 어떻겠냐고 열심히 권했다.

"우리가 방송을 배운다고요? 그렇게 어려운 걸 어떻게 합니까?"
대부분 반응이 이러했다. 하고 싶기는 한데 방송이라고 생각하면 너무 어렵고 부담스러울 것 같다고 망설이는 사람도 있었다. 나는 목소리를 높였다.

"온전히 우리가 기획하고 우리가 직접 진행하는 우리들만의 방송을 만들 겁니다! 잘 만들고, 못 만들고는 없어요. 우리가 하고 싶은 이야기를 하면 됩니다!"

이렇게 '지구인마을 라디오방송'을 만들어갈 열 명의 참가자가 모였다.

## 세 가지 색 방송팀

여러 가닥의 선이 가득한 책상 앞에 앉는 일만으로도 두근두근 가슴이 뛰었다. 첫날에는 자기소개와 참여 동기, 만들고 싶은 라디오 콘텐츠에 대해 이야기를 나누었다. 참여자들은 방송 콘셉트에 따라 세 팀으로 나누어 활동을 시작했다.

### 다도자

'다문화작은도서관에서 모이자'의 줄임말이라고 앞에서도 간략하게 언급한 '다도자'는 우리 도서관 일등 이용자 세 명으로 결성된 모임이다. 각각 캄보디아, 우즈베키스탄, 중국에서 온 결혼이주민들로 평소에도 도서관 소식들을 널리 퍼뜨리는 역할을 담당하고 있다.

다도자는 우리 도서관 프로그램을 소개하고, 도서관 이용자들과 프로그램 참가자들을 한두 명씩 인터뷰하겠다고 크나큰 포부를 밝혔다. 매주 '이 주의 책'을 선정해 서로 읽어주고 감상을 이야기하는 코너도 구성했다. 멋졌다.

그녀들은 처음부터 반짝였다. 밤을 새워서 만든 시나리오를 가지고 몇 번의 연습 끝에 녹음한 다도자 방송은 우리의 스승님마저 박수로 칭찬할 정도였다. 방송이 지루하지 않게 중간에 넣은 캄보디아 유행가 「땅 팔고 클럽에 가요」는 우리가 어디서 왔느냐에 상관없이 듣는 이의 어깨를 들썩이게 했다. 결국 이들은 책반상회에서 공개방송을 열고 프로듀서와 진행자로 데뷔하는 데 성공하였다.

**지역 이슈이슈**

우리에게는 너무나 많은 뉴스와 소식이 날아들고 조금만 지나면 금세 잊힌다. 우리가 잊지 말아야 할 이슈들을 한 달에 한 번씩 되새겨보자는 것이 '지역 이슈이슈' 팀의 취지이다. 평소 지역 사회와 인권에 관심이 많은 청년과 인권 활동가가 팀을 이루었다. 표면적으로 알려진 뉴스 뒤의 진실에 관해 이야기하겠다고 했다. 우리 모두가 행복하게 살기 위해, 작지만 함께해야 할 일들을 말하고 싶다고도 했다. 실제 방송에서는 구성원이 잘 알고 관심 있는 분야를 다루다 보니 깊이 있는 이야기가 오갔다. 전 세계에 부는 '#ME TOO 운동'을 다뤘을 때에는 옆에서 듣고 있던 사람들 모두가 웅성웅성, 이야기가 많아졌다. 엄마들은 우리 아이들이 살아갈 가까운 미래에 대해 걱정이 많다고 하였다. 우리가 시사 이야기를 피부로 느껴가며 이렇게 열심히 들은 적이 있던가?

지역 이슈이슈를 듣는 시간은 우리의 작은 일상에만 머물러 있던 관심을 잠시나마 더 넓은 세상으로, 우리를 둘러싼 사회로 확장하도록 이끌어주었다.

### 길을 안내하는 라디오

나 또한 제작에 참여했다. 이름도 거창하게, '세계 최초 듣는 지도 방송: 길을 안내하는 라디오'를 기획했다. 전문적인 지리 지식을 다루기보다는 출신자들에게 그 지역에 대한 생생한 경험을 직접 듣는 형태이다. 지역에 대한 호기심을 높이고 그곳에 가고 싶은 사람이 생기기를, 그곳에 대해 이야기하고 싶은 사람들이 모이기를 바라며 만들었다. 도서관에 책을 읽으러 오는 80개국 이용자들에게서 들은 이야기만 늘어놓아도 다채로울 거라는 기대 덕분에 시작부터 가슴이 두근댔다.

나는 진행을 맡았고, '따라'라는 예명을 얻었다. 따라는 힌두어로 '별'이라는 뜻이다. 아주 오래전 우리 조상들이 별을 쫓으며 길을 찾았듯, 길을 걷는 자들이 가고 싶은 곳을 안내하는 역할을 해보자고 다짐했다.

그러나 역시! 첫 녹음에서 우리 팀은 '폭망'했다. 말재주가 좋은 공동 진행자를 믿고 열심히 연습하지 않아서 생긴 당연한 결과였다. 우리는 동시에 이야기를 꺼내는가 하면, 상대방의 입만 바라보며 침묵으로 시간을 흘려보내는 실수를 연달아 했다. 게스트를 소개하는 부분에서도 발음이 꼬여 입이 바짝바짝 마르고 목이 탔다. 방송은 결코 쉬운 일이 아니었다. 생방송이었다면? 생각만 해도 가슴이 서늘하다. 기획 의도가 좋았다며 위로하는 PD님의 목소리에 우리는 더욱 쥐구멍을 찾는 심정이 되었다.

## 작은 방송의 네 가지 효과

우여곡절 끝에 교육을 수료한 우리 세 팀은 녹음과 편집에 매달리며 방송을 진행했고 심지어 공개방송도 했다. 각자의 방송을 준비하고 다른 팀의 방송을 듣는 과정에서 함께 배우지 않았다면 결코 몰랐을 많은 것들을 자연스럽게 알게 되었다. 나와 나의 주변, 내가 사는 지역을 향한 '더듬이'가 성장했음을 느꼈다. 매스미디어가 아

라디오를 진행하는 다도자 팀

닌 도서관의 작은 방송이어서 그 신비한 경험이 더욱 가까이 와닿았다.

방송을 하면서 우리는 스스로 이제까지의 우리와는 달라졌다는 것을 느낄 수 있었다. 먼저, 평소에 귀담아듣지 않던 뉴스를 아는 사람들의 목소리로 전해 들으니 귀에 쏙쏙 들어왔다. 우리에게 전해지는 뉴스 너머의 이야기에도 궁금증이 일며 매스미디어를 비판적으로 보는 관점도 생긴 것 같다.

주변의 가까운 이야기에도 관심을 가지게 되었다. 방송의 주인공이 나인 만큼 내 가족, 내 이웃, 나의 동네 소식을 주로 전하며 자연스럽게 생긴 변화이다. 전파를 통해 흘러나온 '내 목소리'로 듣는 '나와 내 주변'은 완전 다른 느낌으로 다가왔다. 주위를 새로운 눈으로 보게 되니 더욱 아끼고 사랑해 주어야 할 대상으로 느껴졌다. 방송을 통해 멋진 나를 발견할 수도 있었다. 헤드폰으로 듣는 나의 목소리가 썩 좋게 느껴질 때가 있었고, 마이크 앞에 앉은 모습이 대견하게 보였다. 방송을 기획하고 진행한다는 것이 얼마나 근사한 일인지!

방송으로 얻은 수확 중 하나는 우리가 생각하는 마을의 범위가 넓어졌음을 알게 되었다는 것이다. 다른 지역의 마을 미디어에도 귀를 기울이게 되었고, 마을 방송인들과 교류하기도 했다. 각자의 공개방송에 초대되어 그 지역과 우리 마을을 함께 생각해보기도 하고, 도서관이 크고 작은 상을 탔을 때는 제일 먼저 축하하기도 했다. 이 모든 것이 우리가 '지구인마을 라디오방송'을 하지 않았다면 몰랐을 소중한 경험이다.

일본에서는 쓰나미나 지진 등 자연재해가 일어나면 사람들에게 제일 먼저 알리는 곳이 지역의 작은 방송국이라고 한다. 마을 방송은 작지만 가까이 있다. 그래서 우리 자신과 우리를 둘러싼 세계의 이야기가 더 깊이 가닿는 게 아닐까. 우리 주변의 작은 이야기들에 관심을 가지고 함께 나눠보자. 도서관은 용기를 내어 나의 반짝이는 이야기를 할 수 있는 곳이고, 작은 목소리에도 귀 기울여 주는 이웃들이 있는 곳이니까!

### TIP 우리만의 라디오 방송 만들기

❶ 먼저 주제를 잡는다.
  - 내 인생의 책 소개
  - 자작시 방송국
  - 좋아하는 연예인이 읽은 책
    예) BTS가 읽은 책 / 아이유가 〈효리네 민박〉에서 읽은 책
  - 사서가 추천하는 '이럴 때 이런 책'

❷ 주제를 정했으면 구성과 멘트를 짠다. 라디오 방송은 이렇게 구성되어 있다.
  - 인사 – 오프닝
    (시그널 음악과 함께 간단한 오프닝 멘트를 넣고 방송 시작 알리기.)
  - 안부 – 브릿지
    (오프닝 멘트에 덧붙일 이야기, 짧은 음악, 효과음 등이 들어가면 풍성해진다. 진행자들끼리 간단한 안부를 전하며 인사를 나누면 좋다. 오늘 방송에서 어떤 이야기를 할지 간단히 언급하거나 청취자들 근황에 관심을 보이는 멘트를 넣어도 자연스럽다.)
  - 본론 – 코너 진행
    (코너와 코너 사이에 신청곡을 넣으면 방송이 풍성해진다.)
  - 소감 – 잡담을 나누듯 간단한 감상을 편하게 이야기한다.
  - 마무리
    (마칠 시간이 됐음을 알리고 다음 방송에 관한 기대감을 심어주면서 끝곡을 튼다.)

# 앉아 듣는 워크숍 대신
# 신나게 뛰노는 플레이숍

"손이 시려워 꽁! 발이 시려워 꽁!"
도서관 문을 열기만 해도 칼바람에 책장 넘기는 손이 움츠러드는 계절, 이불 속에서 점점 나오기 싫어지는 겨울이었다. 도서관에 오는 사람들도 한번 들어오면 도통 움직이질 않는다. 이럴 때일수록 좀 더 활동적으로, 더욱 즐겁게 책과 놀 수는 없을까. 다행히 우리는 함께 그 답을 찾았다.

### 신나게 놀아보자, 책으로!

가는 해를 마무리하고 새로운 해를 맞이하면서 많은 곳에서 워크숍을 한다는 홍보물을 보내왔다. 홍보물들을 보다가 엉뚱한 생각 하나가 떠올랐다. 일, 작업을 의미하는 'work' 대신 놀이, 게임을 의미하는 'play'를 붙여, 책으로 노는 '플레이숍'을 해보면 어떨까? 책상에서 혼자 키득키득 웃으며 세운 계획은 이러했다.

1. 여러 그림책을 읽고 몸으로 표현할 이야기 하나를 뽑는다.
2. 책 속 글로 함께 대본을 만든다.
3. 대본 리딩을 여러 번 거친 후 오디션을 통해 배역을 정한다.
4. 발성, 발음 훈련도 하고 안무가 있다면 배워 연습한다.
5. 작품을 공연한다.

먼저, '다다다 새싹 독서동아리'와 동화 구연 동아리인 '반짝반짝 여우별' 회원들에게 의견을 물었다. 재미있을 것 같다는 의견이 많았고, '저주받은 몸치'라서 잘 못할 것 같다고 걱정하는 이야기도 들렸다. 하지만 반응이 이 정도이면 충분히 시작해도 될 터였다.

## 웃고, 움직이고, 이야기하며 읽기

우리 도서관은 프로그램실이 따로 없어서 프로그램을 기획할 때는 공간 빌리는 일부터 시작해야 한다. 도서관이 자리한 건물의 3층

함께 모여 자기
목소리를 내며 책을 읽는
경험이 소중하다

강당은 이미 연말까지 행사로 가득했다. 모처럼 재미있는 기획으로 들떠 있던 나는 급하게 이웃 기관들을 찾아다녔다. 다행히도 도서관에서 걸어서 10분 거리에 있는 공간을 쓸 수 있게 되었다.
첫 시간, 그렇게 소란스러운 수업은 처음이었다. 오죽하면 옆 사무실에서 무엇을 하길래 이렇게 시끄럽냐며 전화벨 소리가 안 들린다고 항의 방문을 할 정도였다. 그렇게 우리는 크게 웃고, 많이 움직이고, 왁자지껄 이야기했다.
몸으로 표현할 책을 고르기 위해 아마 열 권도 넘는 책을 함께 읽었을 것이다. 어떤 책은 동극으로 표현하기에는 갈등이 없는 스토리라는 이유로 탈락했다. 또 다른 책은 등장하는 캐릭터의 성격이 비슷비슷하다고 하여 제외되었다. 많은 논의 끝에, 아기돼지 집으로 설탕을 빌리러 갔다가 재채기를 하는 바람에 돼지의 집을 망가뜨린『늑대가 들려주는 아기돼지 삼형제 이야기』를 선택했다.

익숙한 민담인 아기돼지 삼형제 이야기를 패러디해 늑대의 억울한 입장을 헤아려보게 하는 스토리는 읽으면 읽을수록 흥미진진했다. 게다가 풍부한 캐릭터, 반전이 있는 구성 또한 선택에 한몫했다.

우리는 돌아가며 한 페이지씩 몇 번을 소리 내어 읽었다. 다른 사람의 목소리로 듣는 이야기는 혼자 읽는 이야기보다 색다른 느낌으로 다가왔다. 우리는 늑대 울프가 설탕을 얻으러 돼지 집에 갔다가 억울하게 오해받은 대목 등에서 함께 웃다가 점차 울프에게 동화되었다. 늑대의 재채기는 기삿거리가 안 된다며 늑대가 일부러 아기돼지 집을 부쉈다고 꾸며낸 기자들 모습에서는 언론의 책임을 골똘히 생각하게 되었다.

대본을 만들고 동극으로 표현하려면 책을 여러 번 읽는 작업이 필요했다. 실제로 30번은 더 읽은 것 같다. 덕분에 이야기의 의미를 온전히 이해하고 작가의 의도를 충분히 생각한 후 책 속 대사를 뽑아 대본을 만들 수 있게 되었다.

## 우리도 배우처럼 할 수 있다

일전에 배우들이 모여 대본을 읽는 장면으로 이루어진 드라마의 예고편을 본 적 있다. 나에게는 어떤 예고편보다 인상적이었고, 드라마에 대한 기대로 설레게 했다.

참가자들의 대본 리딩은 그 예고편보다 몇 배나 더 흡입력 있고 멋졌다. 적어도 우리에게는 그랬다. 사람들이 한 번씩 읽어나갈 때마다 대사들은 입체감을 더했고, 마지막 리딩을 할 때는 앉아 있는데도 무대 위의 장면이 눈앞에 그려지는 듯했다.

리딩을 끝내고 각자 맡고 싶은 배역을 2개씩 이야기하기로 했다. 인기가 많은 배역을 정할 때는 희망자들이 알아서 서로의 생각을 이야기하고 조율해갔다. 마침내 10개의 개성 있는 배역이 정해졌다. 드디어 멋진 주연, 훌륭한 조연이 되어 하나의 책을 온몸으로 표현해보는 것이다. '할 수 있을까?'라고 걱정하던 사람들의 얼굴도 상기되었다.

우리는 늑대가 누명을 쓰고 감옥에 갔다는 그림책 원작과 달리 오해가 풀려, 동물 모두 친구가 되고 사이좋게 지낸다는 결론을 만들었다. 이를 효과적으로 표현하기 위해 누군가가 노래와 율동을 함께했으면 좋겠다고 의견을 주었다. 열렬한 호응과 지지를 얻어 우리의 작품은 음악과 춤이 있는 해피엔딩으로 완성되었다. 가만히 앉아 있지만 말고, 책으로 놀아보자고 시작한 프로그램이 뮤지컬로 거듭난 것이다.

몸책플레이숍을 시작하고 몇 주 동안 우리는 이 프로그램에 최선을 다했다. 정류장에서 버스를 기다리며, 도서관에서 잠시 책 읽기를 쉬는 중간중간, 심심찮게 대사를 읊조리고 춤을 연습하는 '무대 동료'들을 만나게 되었다. 도서관에 매일 오시는 할아버지들은 이렇게 묻기도 했다.

"사람들에게 무슨 짓을 한 겨? 엄마들이 길거리에서도 중얼중얼대던데. 불러도 못 듣고."

## 도서관 공식 무대에서, 레디 액션!

쑥스럽지만 모두가 열심히, 그리고 즐겁게 몸책플레이숍을 해봤으니 좀 더 용기를 내기로 했다. 이 작품을 관객이 있는 진짜 무대에서 공연하기로 한 것이다.

처음 프로그램을 기획할 때는 이런 것까지 생각하지 않았다. 서로 이야기를 하면 할수록 도전 정신은 커졌다. 누군가가 의견을 내면 그 이야기에 또 이야기가 보태어지고, 모두가 적극적으로 실행에 옮겨 '판이 벌어지게' 된 것이다.

우선, 우리 모두의 연습 무대인 책반상회에서 먼저 선보이기로 했

다. 이 무대는 두려울 것이 없었다. 서로가 매일 만나는 사이인 만큼 대사나 동작을 틀리면 안 된다는 부담에서 자유로웠다. 오히려 책이웃의 큰 박수 소리가 힘이 되었다. 역시 우리는 같은 편!

다음 해 2월. 우리는 초대장까지 만들어 정식으로 가족들, 도서관 사람들, 이웃들을 초대했다. 100명에 가까운 관객이 모였다. 도서관 사람들이 직접 준비한 공연 중 제일 많은 사람들이 왔다. 도서관에서 활동하면서 가장 설렜던 하루로 기억한다.

아이들이, 가족들이, 책이웃들이 우리의 몸짓을 보고 웃었다. 바로 우리가 원하는 것이었다. 책을 목소리로, 몸으로 표현하며 더 깊이 이해하는 것. 그리고 그 즐거움을 이웃과 함께 나누는 것!

> **TIP** 몸책플레이숍으로 책과 놀기

❶ 함께 읽고 싶은 책을 선정한다.
　(생소한 책보다 많이 아는 책으로 하는 것이 좋다.)
❷ 등장인물에 따라 대사를 분류한다.
❸ 서술문은 상황에 맞게 해설자의 대사로 수정한다.
❹ 참가자의 배역을 정한다.
　(배역이 가장 중요하다. 배역이 마음에 안 들면 서운한 참가자가 있을 수 있다. 오디션을 통해 어울리는 목소리를 찾는 방법도 있다.)
❺ 한자리에 모여 낭독한다.
　(배경음악, 효과음도 준비하면 더 재미있다.)
❻ 동작을 정하고 작은 공연을 해봐도 좋다.
❼ 몸책플레이숍을 하면 이런 장점이!
- 한 책을 여러 번 읽게 된다.
- 책을 자세히 읽고 깊이 있게 이해할 수 있다.
- 참가자들과 협업하게 된다.
- 집에서 연습하면 가족들까지 책에 관심을 보일 수 있다.

# 도서관에서
# 미용실을 연다고요?

어느 날, 도서관에 동화 같은 일이 일어났다. 일요일 오후가 되면 헤어살롱이 갑자기 생겼다가 바람과도 같이 사라진다. 살롱 의자에 앉아 세상에서 제일가는 멋쟁이로 변신하는 동안 갑자기 누군가가 나타나, 손님이 읽고 싶은 책을 읽어준다. 오직 그 사람만을 위한 낭독이다. 상상만 해도 재미있을 것 같은 이 일이 바로 우리 도서관의 '책 읽어주는 미용실 – 도서관 앞 헤어살롱' 프로그램이다.

### 도서관에서 머리를 자른다고요?

동네의 모든 바람이 한 번씩 거쳐 가는 우리 도서관 앞마당. 이번에는 헤어살롱이 '뿅!' 하고 생겨났다. 서울에서 활동하는 헤어디자이너들이 도서관 이용자들의 스타일을 책임지겠다며 방문 제안을 한 것이다. 도서관에서 커트를 한다고? 이런 시도는 처음이라 약간 걱정이 되었지만, 재미있을 것 같아서 흔쾌히 해보자고 응했다.

도서관을 찾는 젊은 청년들은 보통 두 부류로 나뉜다. 출신국에서도 꽤나 패셔니스타로 통하는 청년들은 우리나라에서도 피부나 헤어를 가꾸는 데 비용을 아끼지 않는다. 반면 미용실 가는 비용이 아까워서 머리를 계속 기르거나, 스스로 염색이나 커트를 하는 사람들도 있다. 이번 프로젝트는 두 부류를 다 만족시킬 것이라는 생각이 들었다.

## 기다리는 시간엔 모국어 책을 읽어줄게요

이 프로젝트를 해보자고 마음먹었을 때부터 풀어야 할 숙제가 있었다.

"우리 살롱에 온 사람들을 어떻게 책과 만나게 할 수 있을까?"

살롱의 목적은 바로 이것이었다. 여러 고심 끝에, 머리 자를 순서를 기다리거나 커트를 하는 동안, 출신국의 책을 같은 나라에서 온 친구들이 읽어주기로 했다. 우리는 경험상 알고 있다. 미장원에서 머리를 맡기면 고개가 저절로 꾸벅이게 될 만큼 편안할 때가 있다는 사실을.

처음 하는 프로그램이기도 하고, 사람들이 도서관 앞에서 커트보를 쓰고 앉아 있기 부끄러워할 것 같아 선착순 여섯 명으로 인원을 정했다. 모델이 필요했으므로 도서관에서 활동하는 학생 한 명을 미리 참여자로 섭외하려고 했으나, 그도 역시 쑥스럽다고 거절을 하였다. 신청자가 한 명도 없으면 나라도 살롱 의자에 앉아야 할 판이었다.

먼저 안내문을 만들어서 게시판에 내걸고, 도서관에 자주 오는 청년들에게 알렸다. 몇 번씩 뭘 하느냐고 묻는 걸 보니 내 이야기를 들은 청년들도 신기해 보였나 보다.

살롱이 열리기 하루 전날, 페이스북에 알림글이 떴다. 쉬는 주말마다 도서관을 찾는 스룬이 '도서관 앞 헤어살롱' 포스터를 자신의 언어로 번역하여 올려놓은 것이다. 그 아래에는 서울에서, 안성에서, 의정부에서 살롱에 오겠다는 청년들의 댓글이 주렁주렁 달렸다. 참 다행이었다!

### 책 읽어주는 독서 멘토 총출동!

일요일 오후 1시부터 시작된 헤어살롱은 문전성시를 이루었다. 스룬에게는 캄보디아 책을, 피아오에게는 중국 책을, 아나스타샤에게는 러시아 책을 읽어달라고 부탁했다. 참가자가 늘어나서 파키

스탄 책은 오벳 선생님에게, 영미권 책은 찰리에게 읽어줄 수 있냐고 급히 전화를 했다. 독서 멘토가 된 이들은 살롱을 찾은 사람들이 차례를 기다리거나, 디자이너에게 헤어스타일을 맡기고 있는 동안 '손님'들을 책의 나라로 인도할 중요한 임무를 맡았다.

나는 도서관의 가장 중요한 역할 중 하나가, 세상의 모든 사람에게 책 읽는 즐거움을 알게 하는 것이라고 생각한다. 그리고 누구나 자신에게 맞는 책을 만난다면, 책 읽는 즐거움에 빠지게 된다고 믿고 있다. 그런 의미에서 도서관 앞 헤어살롱은 아주 만족스러운 결과를 가져왔다. 살롱에 온 사람들은 평소 도서관을 찾는 이용자들이 아니었다. 페이스북 친구의 글을 보고 '도대체 도서관은 무엇을 하는데 머리까지 책임진다는 거야?' 하며 궁금해서 온 청년들과 옆 공원에서 장기나 마작을 두는 할아버지들 중 이발소 갈 때가 되었다고 나를 따라오신 분들이 대부분이었다. 처음 예상한 참여 인원의 세 배가 넘는 사람들이 살롱을 찾아왔다. 헤어디자이너들이 서울로 가는 차에 올라타기 몇 분 전까지도 참가자의 얼굴에 묻은 머리카락을 털어야 할 만큼 손님이 많았다.

살롱 마감 후에도 계속 책 이야기를 나누는 청년들

## 우리 도서관을 발견한 러시아 청년

오벳 선생님과 헤어디자이너 선생님의 안마를 받는 러시아 청년

주말에 친구를 만나러 옆 동네에서 온 러시아 청년은 성큼성큼 도서관에 들어오더니 자기도 머리를 잘라도 되냐고 물었다. 순서를 기다리는 동안, 오벳 선생님이 청년의 두피와 어깨를 마사지했다.
아파서 자신도 모르게 비명을 지르는 청년의 모습에 우리 모두는 웃음이 터졌고, 이를 시작으로 자연스럽게 이야기가 오고 갔다. 러시아 청년은 주말마다 친구들을 만나러 근처에 오는데 이곳에 도서관이 있는지는 몰랐다고 했다. 러시아 책들이 많다고 하니, 그는 파란 눈을 크게 뜨며 진짜냐고 물었다. 한국에서는 고향에서 출판된 책을 보기가 힘들었다고, 친구를 만나러 올 때마다 도서관에 들르겠다고 했다. 두피 마사지가 우리 마음도 말랑말랑하게 만들었나 보다. 파키스탄에서 온 사람과 러시아에서 온 청년, 한국에서 태어난 내가 마치 오랜 친구처럼 이야기를 나눌 수 있었다. 상대방의 언어에는 서툴렀지만 그런 건 중요하지 않았다.

## 헤어디자이너를 꿈꾼다며 찾아온 어린 자매

서로 눈매가 똑 닮은 자매가 뒤늦게 도서관에 도착했다. 처음 만나는 아이들이었는데, 헤어디자이너가 꿈이어서 궁금한 것들을 물어보러 시흥에서 왔다고 했다. 오후 3시가 지나서야 도서관 앞에서 헤어살롱이 열리는 것을 알았고, 늦었지만 보고 싶은 마음에 서둘러 들른 것이었다. 다음에 다시 살롱이 열릴 때, 헤어디자이너에게 직접 궁금한 것들도 물어보고 같이 참여하기로 했다. 엄마를 찾아 1년 전에 한국에 왔다는 이 아이들은 도서관에서 모국어로 된 책을 읽으며 한참을 머물다 갔다. 귀중한 만남이었다.

동화 속에 나올 법한 이야기처럼, 도서관 앞마당에서 헤어살롱이 열리고 새로운 사람들이 도서관을 오갔다. 누군가는 다듬어진 머리에만 만족하며 돌아가기도 했고, 누군가는 다른 사람이 읽어준 모국의 책을 마음에 담기도 했다. 어떤 아이들은 자신의 꿈을 이야기하기도 했다. 도서관 헤어살롱의 기획 의도가 무엇이든, 각자 원하는 대로 편안하게 도서관이라는 곳을 즐겼다면 그 의미는 충분하지 않을까. 여럿이 모여 한바탕 웃고 떠드는 동안 새로운 사람도 자연스레 섞여 들 수 있는 시간이었기를 바랄 뿐이다. 독서와 거리가 멀었던 사람들이 책 읽는 즐거움을 만나는 일은 거기에서부터 시작된다고 생각하니까. 오늘도 그 마법 같은 일들이 세상의 모든 도서관에서 일어나고 있으리라 믿는다.

# 세계로 독서 여행을 떠나는 시끌벅적 북콘서트

독서라는 공통의 관심사로 세계의 다양한 사람들이 작은도서관에서 축제를 벌인다. 각양각색의 사람들이 다채로운 문화로 만나는 다문화 북콘서트! 여권은 필요 없다. 즐겁게 읽고 있는 책 한 권만 있다면 우리는 지금이라도 당장 세계 여행을 떠날 수 있다.

### 아띠에게 건넨 첫마디 "같이 책 읽기 해요"

다문화도서관에서 근무한 지 한 달 되던 아침이었다. 언어가 익숙하지 않아서 혹은 이국에서의 노동이 힘들어서 마음의 여유를 누리지 못하는 청년들, 한국 환경이 낯선 데다 아이들에게 온통 마음을 기울여야 하는 다문화가정 어머니들을 만나면서 각 이주 배경에 맞는 독서모임을 만들어야겠다고 생각했다. 때마침 그날 도서관에서 책을 빌려 가던 아띠에게 친구들을 모집해서 인도네시아 책을 함께 읽어보자고 이야기를 꺼냈다. 그러자 아띠는 "책을 여럿이 읽는다고요?" 하면서 의아해했다.

우선 우연히 도서관에 들른 사람들, 아이들 책을 추천받으려고 온 엄마들 등 도서관을 찾지만 독서 경험은 많지 않은 이용자들이 함께 모일 수 있도록 자리를 마련했다. 모임 때는 늘 구성원의 출신국 책들을 책상 위에 올려놓았다. 그렇게 해서 비슷한 배경을 공유하며 함께 모인 독서동아리가 만들어졌다.

동아리 모임을 할 때마다 살펴보면, 스무 명 중 한 명 정도만 출신국에서 교과서 외의 책을 읽어봤거나 도서관을 이용한 경험이 있었다. 참여자의 95퍼센트가 우리 도서관을 만나 독서 프로그램을 함께하면서 처음으로 '독서 경험'을 하는 셈이다.

독서동아리 활동을 통해 한 달 만에 두 권을 읽었다고 자랑하는 캄보디아 노동자, 여름날 군산에서 5시간 버스를 타고 와서도 이 시간을 무척 기다렸다고 이야기하는, 히잡 쓴 인도네시아 아가씨도 있었다. 동아리 모임 다음 날, 딸과 아들을 도서관에 데리고 와 모국어로 된 어린이책을 추천받은 스리랑카 출신의 자상한 아빠도 보았다.

나라별 특성에 맞춰 독서 프로그램을 준비하면서 독서야말로 나이나 문화적 배경을 가리지 않고 누구나 누릴 수 있는, 또 함께 나눌 수 있는 즐거움이라는 점을 마음 깊이 깨달았다.

## 국가별 북콘서트와 자원봉사단의 탄생

2014년에 우리 도서관을 중심으로 인도네시아, 캄보디아, 중국, 몽골, 우즈베키스탄, 베트남, 6개의 국가별 독서동아리가 생겨났다. 이후 다양한 국적의 결혼이주민과 지역 주민이 함께하는 '글로벌 스토리 독서동아리'도 탄생했다.

동아리 회원들은 출신국 책과 함께 한국 문화가 담긴 다양한 책을 함께 읽고 토론하며, 독서의 즐거움을 타 문화 사람들과 나누는 북콘서트를 만들기로 했다. 바로 '다다다 북콘서트'이다.

우리 도서관에서는 '다다다'라는 말이 많이 쓰인다. 무엇인가 빨리 움직이는 모습을 나타내는 것 같기도 하고, 발음하기가 쉬워서이다. 원래 의미는 '다양한 문화와 다양한 사람들이 만나는 다문화'를 줄여 부른 데에 있다.

북콘서트는 나라별로 기획되었는데 그 과정에서 '다다다 하모니 자원봉사단'이 꾸려졌다. 다다다 봉사단은 독서프로그램에 같이 참여하고 자원 활동가로 다른 나라의 북콘서트를 지원하면서 서로에 대한 편견이 많이 사라지는 것을 느꼈다고 한다. 동아리 회원들의 적극적인 참여 덕분에 지금까지 열네 번의 다다다 북콘서트가 열렸다.

인도네시아 북콘서트에서는 중국과 한국 봉사자들이 무대 설치와 정리를 도왔다. 캄보디아 북콘서트에서는 인도네시아와 중국 출신 봉사자들이 힘을 보탰다. 연합 행사의 성격이 강했던 '세계의 구연동화 북콘서트'에서는 파키스탄, 몽골 출신 봉사자들이 나서서 행사를 지원했다. 독서동아리에서 함께 책을 읽고, 북콘서트를 준비

북콘서트에서 펼칠 공연을 연습 중인 이용자들

하고 지원하는 과정에서 참여자들은 이주민을 '복지 수혜자'로 바라보는 사회적 인식을 당당하게 뒤집고 주체적인 '나눔의 실천자'로 성장하였다.

## 모두가 주인공이 되는 다다다 북콘서트

북콘서트 하면 작가 인터뷰, 토크, 책 낭독 등을 쉽게 떠올릴 수 있는데 다다다 북콘서트는 여기에 조금 더 다채롭고 활동적인 구성을 더했다. 책 읽고 이야기 나누는 시간뿐만 아니라 각 북콘서트에서 테마로 정한 나라의 노래를 부르거나 연주하는 무대도 있고, 모두가 일어나 함께 춤을 추기도 한다. 주최국 출신 참여자들의 이야기를 듣거나 노래, 춤 등 다양한 문화를 만나고 있자면 세계 문화 여행을 하는 듯한 느낌도 받는다.

처음 인사를 나눌 때 목소리조차 듣기 힘들었던 메이 선생님은 중국을 주제로 한 '만리장성에서 별망성까지' 북콘서트에서 사회를 맡아 중국어와 한국어 실력을 뽐내주었다.

중국 북콘서트 때는 해영 선생님이 「사랑의 인사」를 들려주었다

한국에 온 지 10년째인 속파오시다 선생님은 이곳에 와서 많은 프로그램에 참여했는데 캄보디아 사람들이 주인공이 된 독서 프로그램은 처음이었다고 했다. 북콘서트 참여 후 두 사람은 도서관의 열렬한 팬이 되어 중국과 캄보디아 책을 구매할 때나 프로그램을 기획할 때 '열일'을 한다.

'세계의 그림책' 북콘서트에서 한 동아리 회원이 『재주 많은 일곱 쌍둥이』라는 그림책을 소개해주었다. 외모가 비슷해도 각자 가진 재주가 모두 다른 일곱 쌍둥이가 주인공이다. 천리만리를 듣고 볼 수 있는 '천리만리듣고보기', 높은 산도 마음대로 손으로 꾹 누를

수 있는 '높으니낮으니', 잠긴 자물쇠를 단번에 여는 재주를 가진 '여니딸깍' 등이 저마다의 능력을 펼쳐 보인다. 이들은 곳간에 쌀을 잔뜩 재어놓고도 마을 사람들이 굶어 죽는 것을 외면하는 원님의 곳간을 털어 나눈다. 일곱 쌍둥이가 각자 지닌 재주만을 뽐내며 자기만 생각했더라면, 욕심 많은 사또를 혼내주고 어려운 사람들을 돕는 일을 할 수 있었을까?

우리 마을에도, 우리 학교에도, 재주 많은 일곱 쌍둥이처럼 각기 다른 재능과 감수성을 지닌 이웃과 친구가 있다. 그들과 책을 통해 슬쩍 손을 잡아보는 것만으로도 멀게만 느껴지던 세계가 나에게 한층 가깝게 다가올 것이다. 오늘 우리, 잊고 있었던 나의 형제들을 찾아보면 어떨까.

##  다문화도서관에서 색다른 북콘서트 기획하기

❶ 기간을 정해 정기적으로 나라별 북콘서트를 기획하고 주최국을 정한다.
  (개최 시기와 함께 북콘서트의 주제, 콘셉트, 내용 등을 논의한다. 이때 봉사자와 주최국 참여자들의 역할 분담도 이루어져야 한다. 최근 이슈가 되어 관심이 높아진 나라를 정하면 참여도 UP!)
❷ 주최국 참여자들이 그 나라의 지도, 관련 도서 들을 선별하여 배치하고 함께 읽을 책을 정한다.
❸ 준비 모임을 통해 함께 정한 책을 읽고 북콘서트에서 이야기할 내용을 정리한다.
❹ 행사에 오는 사람들과 같이 즐길 아이템도 개발한다.
  (낭독을 나누어 한다거나, 낭독과 합창을 접목한 북코러스 등을 시연해 함께 읽는 시간을 갖고 퀴즈를 출제해도 재미있다.)
❺ 주최국 외 다른 나라 참여자들은 행사를 함께 지원하고 돕는다.
❻ 행사 후 도서관에서 평가회를 연다.
❼ 행사 사진과 관련 자료들을 도서관에 전시한다.
  (횟수를 거듭할수록 풍성한 세계 문화 자료가 된다.)

# 내가 쓴 물건들이 지구 반 바퀴

봄가을에 걸쳐 1년에 두 번, 도서관 앞에선 '지구별 나눔장터'가 열린다. 쓰지 않는 물품들, 입지 않는 옷들을 가지고 나와 아주 저렴하게 판매하는 행사이다. 도서관 입구를 지키는 흰곰도 2016년 나눔장터에서 은채에게 1,000원을 주고 산 것인데, 우리 도서관을 찾는 아이들이 가장 좋아하는 마스코트가 되었다. 이렇게 우리가 가진 물건들은 버리면 쓰레기가 되지만, 필요한 곳에 가면 보물이 된다.

게다가 지구별 나눔장터는 그저 물건을 사고파는 장터의 역할에 그치지 않고 어린이와 할아버지, 아랍과 아시아 출신 이웃들, 선주민과 이주민이 만나는 잔치 마당이 되기도 한다. 누군가의 추억을 지닌 물건이 한국에 온 새 주인을 만나고, 물건에 얽힌 이야기들도 함께 전해져 이 나눔장터에서 지구 반 바퀴의 여행을 시작한다.

## 이것은 100원, 요것은 200원입니다

아이들이 고사리손으로 자신의 물건을 내놓는다. 몇 번이나 읽어 내용까지 외우는 그림책에서부터 공룡 모형, 글자 퍼즐, 비행기 모형까지. 모두 100원에서 1,000원 사이이다. 엄마들은 "아이고! 이걸 얼마 주고 샀는데!" 하면서 조금 아까워한다. 하지만 아이들은 자신의 물건을 내놓고 갖고 싶은 물건을 싸게 살 수 있으니 만족해한다.

온라인 중고샵보다 쏠쏠한 우리 도서관 장터

"이건 아빠가 사준 작은 기타인데요, 저는 이제 커서 없어도 돼요."
아이들은 물건만 내놓는 것이 아니다. 자신들의 이야기도 함께 꺼낸다.

장터의 체험 부스도 다채롭다. 아이의 무탈을 기원하는 잉어 모양 깃발인 일본의 고이노보리 만들기를 하거나 우즈베키스탄 전통 모자인 쥬비체카를 만들기도 한다. 한 모퉁이에서는 그림책 읽어주는 모습도 볼 수 있다.

우리는 돼지 삼형제 이야기에 나오는 아기돼지 가면도 만들었다. 재료 준비에는 도서관 이용자 모두가 힘을 보탠다. 누군가는 살구색 펠트지에 돼지 얼굴 모양을 그린 다음 자른다. 누군가는 돼지코와 까만 콧구멍까지 입체적으로 만든다. 또 한 모둠은 돼지를 꾸며줄 리본과 안경, 다양한 모양의 눈을 만들고, 돼지 가면을 완성하기 위해 필요한 재료들을 비닐에 넣어 세트를 준비한다. 처음에는 함께 만들기를 주저하던 사람들도 어느덧 얼굴에 함박웃음을 머금고 열심히 참여한다.

## 나눔장터의 아이돌, 청소년 책플래시몹 활동단

나눔장터에서는 시선을 끄는 특별한 무대도 마련된다. '청소년 책플래시몹 활동단'의 춤을 볼 수 있는 시간이다.

이 아이들이 모인 계기를 이야기하자면 그날 일을 꺼내지 않을 수 없다. 어느 날 도서관으로 교복을 입은 남학생 한 명이 불쑥 들어왔다. 학교에서 권장한다며 책 한 권을 빌려 가는데, 또래인 친구들 서너 명이 도서관 밖에서 기다리고 있었다. 이 순간을 놓치지 않고 얼른 따라 나가 물어보았다.

"친구들, 도서관 앞까지 왔는데 왜 들어오지 않니?"

학생들 중 한 명이 대답했다.

"책 읽는 건 재미없어요. 시간도 없고요."

맙소사! 이렇게 재미있는 책들이 가득한데, 독서가 재미없다니! 나도 모르게 목소리 톤이 올라간 채로 물었다.

"어떻게 하면 도서관에 올래?"

학생들은 요즘 유행하는 댄스를 가르쳐주면 도서관에 오겠다고 했고, 나는 "그러마." 하고 약속했다. 그리고 여기는 도서관이기에 춤을 배워서 책과 독서를 주제로 홍보 활동도 해야 한다고 말했다. '청소년 책플래시몹 활동단'은 그래서 탄생하게 되었다. 이주배경 청소년들과 선주민 청소년들로 이루어진 활동단은 일주일에 한 번 도서관에서 댄스를 배웠고, 처음 약속한 대로 크로스미디어 영화제와 나눔장터 등에서 오픈 공연을 해 주었다. 호응도 10,000퍼센트! 그들의 무대는 여느 아이돌 무대보다 훨씬 멋졌다.

## 웃음과 온정이 넘치는 곳

지구별 나눔장터는 주민들 가운데 외국인 비율이 78퍼센트가 넘는 다문화특구 중심에서 열리기에 다양한 국적과 문화적 배경을 가진 이들이 주로 찾는다.

한번은 장터의 한 코너로 '지구별 줄넘기 대회'를 열었는데, 열 명 넘게 줄을 서서 기다릴 정도로 인기가 높았다. 나는 줄넘기 도중 자꾸 몸이 앞으로 가는 바람에 하마터면 담장에 부딪칠 뻔했다. 옆에서 웃던 인도네시아에서 온 자매는 나의 몸 개그에 용기가 났는지 한참을 망설이다가 줄넘기 대회에 참가했다. 이들은 마지막 기회에서 마침내 히잡까지 벗어 던지고 줄넘기에 열중했다. 결국에는 100개 넘게 줄넘기를 한 남학생이 1등을 했고 우리 모두는 진심으로 축하해주었다. 참가자 모두가 잠시나마 다른 문화와 언어에 대한 어색함을 풀고 상대방을 응원하는 모습이 참으로 보기 좋았다.

특히 약간 쌀쌀한 바람이 부는 가을에 열리는 장터는 한국에서 처음으로 겨울을 맞이하는 이주노동자들에게 정말 '핫한' 장소가 된다. 500원이나 1,000원으로도 모자 달린 니트를 살 수 있고, 때 타지 않는 짙은 색 잠바들을 얻을 수 있기 때문이다. 태어나서 처음 입어보는 털 달린 옷들! 그들이 기대하는 겨울이 우리 지구별 나눔장터에서 시작된다.

제법 쌀쌀해지는 가을 끝자락 어느 아침, 출근하는데 도서관 입구에 번쩍번쩍한 보따리 하나가 놓여 있었다. 그 보따리 안에는 겨울 잠바들이 곱게 개켜 있었다. 주말에 있을 '찾아가는 지구별 나눔장터'에서 나눠 주라고 이웃 도서관 이용자들이 특별히 남자 겨울옷만 모아 출근 전에 두고 간 것이었다.

차가운 가을바람을 막기에는 다소 얇은 옷들을 걸친 이주노동자들 30여 명이 장터 막바지에 찾아왔다. 여기서 옷을 산 동료가 알려줘서 왔다고 했다. 그들 중에는 반팔 티셔츠를 몇 벌씩 겹쳐 입은 청년도 있었다. 공장에서 입는 겨울 웃옷들이 꽤 들어왔기에 입어보라고 권하며 치수가 맞는지 보았다. 이주노동자들이 추운 겨울을 보낼까 봐 먼저 헤아리고 도와준 이용자들의 따뜻한 마음에 문득 가슴이 뭉클했다.

## 경매로 캄보디아 작은도서관 후원하기

날씨가 갑자기 추워지거나 황사가 몰려오는 날이라면 장터는 도서관 안에서 진행된다. 야외 장터의 활기찬 분위기는 덜하지만, 실내에서 하는 나눔장터의 묘미를 살려 '나의 애장품 경매'를 진행한다. 우선 장터에 나온 물품 가운데, 의미가 있는 물품 하나씩을 신청 받아 경매에 내놓는다. 참가자는 물품과 함께 그것에 깃든 자신의 특

장터에서는 책이웃들의 낭독도 들을 수 있다

별한 이야기를 들려주며 물품에 역사를 부여하고 가치를 높인다. 진희가 초등학교에 들어가면서 할머니에게서 받은 첫 선물인 실내화와 신발주머니는 100원에서 시작하여 5,000원에 낙찰돼 도서관에서 만난 동생 손으로 넘어갔다. 티엔엔 선생님이 아가씨 때 입던 치파오는 지호 어머니께 안겼다. 5,000원이 최고 낙찰가인데 최고 금액으로 사게 되어도 누구 하나 아까워하지 않는다. 수익금 전액은 캄보디아에 모이돌라(1달러라는 뜻) 작은도서관을 짓는 데 쓰이니까! (우리 도서관과 떼려야 뗄 수 없는 모이돌라도서관은 뒤에서 다시 만날 수 있다. 맛보기로 살짝 언급한다면…… 너무나 소중한 이야기라는 것!)

장터라고 물건만 팔지 않는다. 도서관 10주년 생일 파티뿐만 아니라 여러 축제들이 이루어지는데 그중 가장 기억에 남는 일은 도서관 앞에서 펼쳐진 원곡동 북패션위크이다. 패션위크 신청자들은 신문지 뭉치와 종이로 옷을 만들어 입고 자신이 좋아하는 책을 들고 레드 카펫 위를 모델처럼 걷는다. 다들 어찌나 손재주가 좋은지 신문지는 멋진 치마가 되고 망토가 된다. 패션쇼에 오른 모델들도, 이를 지켜보는 관객들도 배를 잡고 웃는 통에 제대로 서 있기 힘들 지경이 된다. 신문지 한 장이 이렇게 큰 즐거움을 주다니! 우리 패션쇼의 진짜 주인공은 날짜 지난 신문지일지도 모르겠다.

## 이제는 그린 라이브러리!

장터를 열다 보니 자연히 지속 가능한 자원 순환에도 관심을 두게 되었다. 그렇게 시작된 게 '그린 라이브러리' 프로젝트다.

한번은 도서관 프로그램에 참여한 이주노동자가 자신이 일하는 딸기밭으로 나를 초대한 적이 있었다. 비닐하우스 안이 매우 더웠는데, 그때 내밀어진 물 한 잔 덕분에 숨통을 틔울 수 있었다. 그러나 플라스틱 컵에 든 물은 금방 데워져 두 번째부터는 마시기가 힘들 정도였다. 그때는 비닐하우스 안에 정수기라도 있어야 되겠다는 생각으로만 끝났는데, 그 생각이 집에서 잠자는 텀블러와 연결되었다. 도서관 이용자들에게 물어보니 집에 한 번도 사용하지 않은 텀블러가 서너 개 있다고 한 분도 있었다. 우리는 우선 깨끗한 텀블러를 모으기로 했다. 모은 텀블러들은 도서관 활동가들이 예쁘게 포장하여 새로운 주인을 맞이하게 될 것이다.

또 한 가지! 텀블러를 기증하는 사람에게 작지만 특별한 선물을 주고 싶어서 도서관 활동가와 이야기를 나누었다. 앞으로 계속 일회용품 사용을 자제하고 환경을 아끼겠다고 약속했다는 의미에서 그린 라이브러리 공식 스티커를 만들어 주었다. 그리고 프로젝트가 마무리되는 시점에서 후속 모임을 열기도 했다. 우리의 작은 생각이 어떤 결과를 가져왔는지 지속적으로 나누고, 앞으로도 우리가 살아가는 지구를 아끼는 방법을 함께 찾아갈 것이다.

그즈음 일본에 다녀온 사서선생님으로부터 흰곰이 딸기를 들고 있는 표지의 그림책 한 권을 선물 받았다. 『이 세상 최고의 딸기』라는 책으로, 우리나라에서도 출간된 작품이다. '많이 가질수록 행복해지는 것일까?'라는 질문에 대해 딸기 하나가 대답을 들려준다. 흰곰은 딸기가 하나였을 때 차마 먹지도 못하고 귀하게 아끼며 돌보지만 딸기가 점점 많아지자 그 마음을 잊어버리고 만다. 나눔장터와 그린 라이브러리 프로젝트는 그 소중한 마음을 일깨우며 소비와 풍요로움의 의미를 생각하게 해주었다. 지구와 환경을 위해 거창한 일보다는 지금 여기에서 할 수 있는 작은 일이 뭐가 있을까 고민해볼 수도 있었다. 모두가 마음을 모으고 함께 행동한다면 도서관뿐만 아니라 저마다의 일상에서도 '첫 딸기 한 알'을 발견할 수 있지 않을까?

 **도서관에서 책 경매 열기**

도서관 모임에서는 함께하는 이용자들이 서로서로 영향을 받는다. 독서동아리 친구가 본 책이라고 하면 괜히 욕심내어 읽기도 하고, 독서토론을 하면 같은 작품을 함께 읽기도 한다. 이럴 때 간단히 책 경매를 열면 좋다. 책에 얽힌 친구들의 이야기에 귀를 기울이게 되고, 책 소개도 듣는 일석이조의 시간이다.

❶ 주제를 정하고 재미있는 제목을 붙여 행사를 홍보한다.
('내 인생의 책 경매' / '친구가 권하는 책: 자네, 이 책 한번 읽어 볼 텐가?' 등.)
❷ 경매에 오를 책을 신청 받고 순서를 정한다.
❸ 중요한 것은 책을 내놓은 사람이 직접 경매를 진행한다는 점이다. 진행자는 책이 높은 가격에 불릴 수 있도록 멋진 이야기꾼이 되어야 한다.
(책을 사게 된 이유, 경매에 내놓은 이유, 책에 얽힌 사연, 감상평, 감명 깊은 구절 낭송 등 다양한 방법을 활용한다.)
❹ 가격을 높게 부른 사람에게 낙찰한다.
(행사를 통해 모은 금액은 의미 있게 기부하거나 도서관의 신간 구매 기금 등으로 사용한다.)
❺ 처음 책을 내놓은 사람과 구매한 사람, 낙찰 도서를 함께 사진으로 남겨 전시를 할 수도 있다.

**사서의 밑줄 1**

## 신나는 프로그램을 만들어볼까?

다문화도서관에서 문화 다양성을 따로 논할 필요가 있을까. 도서관이야말로 세상의 모든 문화를 다 담고 있는 곳이며, 사람들이 그 문화를 나누고 새로운 세상과 연결되기 위해 오는 곳이니 말이다. 우리 도서관에서도 많은 프로그램을 했다. 이용자들이 간절히 원하고 함께해야 할 필요가 있다면 고민하지 않고 일단 시작했다. 할 수 있을 만큼의 작은 계획을 세워 한 걸음 내디디면, 참여하는 사람들에 의해 계획이 확장되고 실행으로 연결되었다. 사서는 중간 조력자로 그들의 무대가 잘 펼쳐질 수 있게끔 응원하고, 지원만 하면 된다.

프로그램을 기획할 때 이것만은 지키자고 정해둔 기준이 있었다.

첫째, 모든 프로그램의 중심에는 책을 둔다.
둘째, 프로그램을 위한 프로그램은 하지 않는다.
셋째, 참여할 사람들을 발굴하여 기획 단계부터 같이 준비하고 진행한다.
넷째, 항상 이주민과 지역주민이 같이 참여하도록 한다.
다섯째, 나같이 부끄러움 많은 사람들을 도서관으로 나오게 하자.

초기에는 지원금에 마음이 혹하거나 소수의 의견에 치우쳐 프로그램을 진행하다 의미도 찾지 못하면서 지쳐 나가떨어진 적이 있었다. 후속 모임으로 참여자들의 결속도 이끌어내지 못하면서 많은 예산을 허비했을 때는 '이런 프로그램을 왜 한다고 했을까?'라는 후회가 들었다. 이럴 때면 몸과 마음은 몇 배로 힘들었다. 그렇게 소모되지 않기 위해 나름대로 기준을 세우고, 지키려고 노력하는 과정이 나의 도서관 생활이었던 같다.

**첫 번째 기준 | 어떤 활동이든 꼭 책과 연결되기**

가장 우선으로 삼은 기준이 바로 모든 프로그램의 중심에 책을 두는 것이다. 다문화작은도서관이 위치한 안산 원곡동에는 수많은 이주민 관련 NGO와 단체가 있다. 목표와 활동 영역은 다 다르지만, 내가 보기에는 국제이주민들이 의지만 있다면 불편하지 않게 살아갈 수 있는 바탕이 닦여 있는 셈이다. 이미 이주민들을 위한 좋은 프로그램도 많이 운영되고 있었다. 활동 경험이 많은 이주민들은 취향에 맞는 프로그램들을 찾아다니며 여러 혜택을 누렸다.

하지만 도서관에서는 활동한다고 직접적인 이익이 생기는 것도 아니다. 지하에 있는 우리 작은도서관에서의 활동을 소중히 여길 수 있게 하는 방법은 '책'을 모든 활동의 중심에 두는 일이라고 생각하였다. 텃밭을 가꾸는 것도 채소에게 책을 읽어주기 위한 프로그램이었고, 콘서트를 연 이유도 함께 읽은 책들에 관해 이야기를 나누기 위해서였다. 어떤 활동을 하든 도서관의 본질적인 역할을 잊지 않았기 때문에 이용자들이 오랫동안 꾸준히 찾는, 이야기 부자, 사람 부자 도서관이 될 수 있었다고 생각한다.

**두 번째 기준 | 지속 가능한 프로그램 기획하기**

여러 동아리들을 운영하고 독서 관련 활동들을 진행하며 프로그램을 위한 프로그램은 하지 않으려고 했다. 내가 생각하는 '프로그램을 위한 프로그램'은 그저 한 번으로 끝나고 마는 활동이다. 우리 도서관에는 일회성 프로그램이 없다. 어떤 프로그램이든 여러 회의, 책반상회, 자조모임 등을 통해 평가를 했고 후속 활동을 논의하였다.
구연동화 프로그램 수료자들은 새로운 이야기를 연습하여 지역의 크고 작은 어린이집과 유치원에서 아이들을 만났다. 수화를 배우는 수어 교육 프로그램 참여자들은 지금 3년째 '지구인수어합창단' 동아리 활동을 하고 있다. 그 모임들이 꾸준한 활동을 통해 지역으로 나가고, 네트워크를 형성해가며 자연스럽게 지속 가능한 공동체를 이룬 것이다.

**세 번째 기준 | 이용자를 주체로!**

다문화작은도서관에서 일하며 '이용자가 주인공이 되는 도서관'을 만들고 싶은 마음이 컸다. 그래서 프로그램에 참여할 사람들을 발굴하여 기획 단계부터 같이 준비하고 진행하였다. 처음에는 이 과정이 힘들고 더디게만 느껴졌다. 그러나 이 체계가 자연스럽게 자리 잡고 나서는 프로그램 기획 단계가 그야말로 즐거운 회의 시간이 되었다.

사람들이 평소 도서관을 오가며 한 이야기들을 적어놓고 시간 날 때마다 이용자들과 공유했다. 그러면 그 일에 관심 있는 사람들이 나타났고 그들을 중심으로 새로운 기획단을 짤 수 있었다. 기획단에서 이야기하는 것들을 다시 듣고 도서관에서는 실행 방법만 찾으면 되는 것이었다. 덕분에 프로그램을 운영하며 '모객' 걱정은 한 번도 한 적이 없는 것 같다. 같이 기획했던 분들이 스스로 홍보 위원이 되어 이웃에게 알리고 참가자들을 데리고 온 덕분이다.

**네 번째 기준 | 경계 없이 어울리는 프로그램 만들기**

항상 이주민과 선주민이 함께 참여하도록 한다는 부분이 나에게는 매우 중요했다. '다문화프로그램'이라는 이름으로 지원되는 행사는 참여자가 '다문화인'으로 한정되어 있는 경우도 있었고, 특정 나라 출신만 가능하다는 식으로 제한하는 경우도 있었다. 그런 방향은 바람직한 프로그램 지원 방법이 아니라고 보았다. 왜 다문화프로그램을 하는 것인가. 우리는 이 사회에서 모두 가족, 이웃, 동료로 함께 살아가야 한다. 관계를 맺고 소통하는 시간을 통해 서로를 더 잘 알고, 이해하게 된다. 그 속에서 자연스럽게 더불어 살아가는 세상을 꿈꾸기 위해서는 경계를 두지 않고 어울리는 것이 중요하다고 생각한다. 도서관에서는 출신국의 언어로 진행하는 '날개 달린 도서관' 프로그램을 제외하고는 모든 프로그램에서 이주민과 선주민이 같이 모이도록 했다. 참여 인원을 따로 제한하기도 하였는데, 그래도 대부분은 이주민 70퍼센트, 선주민 30퍼센트의 비율이 유지되었다.

**다섯 번째 기준** | **처음이라도, 쑥스러워도!**

다섯 번째 기준은 조금 개인적인 경험에서 비롯된 것이다. 도서관에서 근무하기 시작했을 때 도서관 이용자는 하루 10여 명 정도였다. 새로운 이용자들을 발굴하기 위해 지역에서 활발하게 활동하고 있는 나라별 커뮤니티를 찾아다녔다. 몽골, 베트남, 가나, 중국 등 갈 때마다 그 나라에서 출판된 책 열 권 정도를 가져갔는데, 신기하게도 책에 관심을 보이는 사람들은 커뮤니티에서 운영진을 맡거나 의견을 자신 있게 이야기하는 사람들이 아니라 구석에서 조용히 이야기를 듣는 사람들이었다. 그분들은 도서관 소개가 끝나기를 기다렸다가 내가 나올 때쯤 슬그머니 따라 나와 도서관 위치를 물었고, 그중 몇 명은 도서관으로 찾아와 회원증을 만들고 책도 빌려 갔다.

그때 깨달은 것 같다. 나처럼 내향적인 사람도 본인이 관심 있는 일에는 용기를 내는구나! 부끄러움 많은 사람들도 시간을 들여 천천히 다가가면 얼마든지 도서관의 주인공이 될 수 있겠다! 약간은 소심하고, 조용한 이분들은 변하지 않는 도서관의 팬이 되었다. (나중에 알게 된 사실도 있다. 내가 방문한 커뮤니티 같은 곳에서 활발하게 활동하는 분들은 다른 활동도 많아서 도서관에 올 시간이 없다는 것을!)

도서관에서 근무할 당시, 내 수첩에는 항상 해야 할 프로그램이 줄줄이 기다리고 있었다. 크로스미디어 라이브러리 프로젝트 뒤에는 라디오 방송 제작이, 그 다음에는 몸책플레이숍 프로젝트가…….
프로그램을 기획할 때마다 다섯 가지 기준을 마음속으로 되새긴다.
한 번도 책 읽는 즐거움을 느껴보지 못했던 사람들이 그 행복을 알게 되고 함께 나눌 수 있도록, 도서관에 오는 한 사람 한 사람의 고유성이 존중받고 다양한 방향으로 연결될 수 있도록, 그리고 우리들의 도서관이 도서관다움을 잃지 않도록!

# 찾아가고, 맞이하고, 마주하고

. .

소란하고 즐거웠던 축제를 거슬러 올라가면

모든 것이 처음이던 '만남'의 순간이 있다.

서로를 모르던 사람들이 책을 통해 마주하면

겉모습, 언어, 출신국의 문화가 달라도

상대를 그저 한 사람으로서 존중하게 된다.

# 세상에서
# 가장 작은 도서관

안산시 원곡동에는 책 한 권과 수첩 한 권을 겨우 꽂을 수 있는 콩도서관 다섯 곳이 있다. 세상에서 가장 작은 도서관이지만, 도서관을 찾지 않던 사람들과 만날 수 있는 놀라운 공간이다. 그리고 그들의 목소리로 책을 읽는 모습도 지켜볼 수 있다.

## '찾아가는 책 읽기'의 힘

2014년 여름, 근처에 일자리를 잃은 사람들이 모여 있는 이주노동자 쉼터가 있다는 이야기를 들었다. 나는 보조 통역 강사와 함께 캄보디아 문학책을 여러 권 복사해서 들고 갔다. 작은 쉼터에 서른 명 정도 되는 사람들이 의자도 없이 바닥에 앉아서 내가 나눠 주는 책을 호기심 가득한 눈으로 보고 있었다.

책 내용을 간단히 전달하고, 함께 읽어 나가기 시작하였다. 참여자들은 보조 통역 강사와 나의 진행에 따라 자국의 소설을 낭독했다. 이들은 앉은 순서대로 일어나 반 페이지 정도의 글을 큰 소리로 읽는 간단한 활동에도 덜덜 떨었다. 하지만 일어선 사람은 글자 하나하나에 정성을 들였고, 앉은 사람은 열심히 들었다. 서로 캄보디아에서는 한 번도 만난 적이 없는 사람들이었다. 책을 다 읽고 통역 강사와 함께 주인공에 대한 이야기를 나누면서 부쩍 가까워진 느낌이 들었다. 저마다의 감성으로 소설 속 인물들이 되어 웃고, 이야기를 나누는 사이에 2시간이 뚝딱 흘러갔다.

또 만나자는 인사를 나누고 쉼터를 나오는데 참가자 여섯 명이 내 뒤를 따라왔다. 도서관에서 책을 빌리려는 것이라 생각하고 보폭을 맞추어 천천히 움직였다. 여름날 뙤약볕 아래에서 걷는 20분이 무척 길게 느껴졌다. 도서관 앞에 도착해 같이 들어가 보자고 하였더니, 무슨 이야기를 나누려는지 갑자기 수군거렸다. 제일 앞에 있던 한 명이 더듬더듬 이야기를 꺼냈다.

"책만 읽으면 이렇게 인간으로 존중받을 수 있다는 것을 처음 알았어요. 감사합니다, 선생님."

낯선 언어로 책 읽기를 진행하는 부담감, 여름 무더위, 혼신을 다해 프로그램을 끝낸 뒤의 노곤함이 한 방에 사라지는 순간이었다. 이 한마디를 전하기 위해 도서관까지 함께 걸어왔던 그들의 모습, 그들의 이야기는 도서관에서 일하며 행복했던 기억 속에 언제나 남아 있다.

## 놀려고 왔는데 도서관엔 왜 가요?

나는 주말을 이용해 사서가 아닌 여행자로서 종종 원곡동을 둘러본다. 이때 독서프로그램에 참여했거나 도서관을 이용한 책 친구들을 많이 마주친다. 출신국의 요리사가 일하는 다문화 식당에서 친구들과 어울려 고향 음식을 먹거나 신나게 이야기를 하고 있는 경우가 많다. 그들의 친구들에게 안산에 놀러 온 김에 도서관에 같이 가보자고 하면, 대부분 토끼 눈을 하고 친구들에게 꽤 강하게 저항한다. "내 나라에서도 도서관에 가본 적이 없다고!" 하며 말이다.

책을 한번 읽기 시작하면 흥미가 생기고 꾸준히 읽는 즐거움도 찾을 수 있을 텐데. 이 사람들을 도서관에 가게만 할 수 있다면, 출신국에서 만들어진 책을 만나게 해줄 수만 있다면! 분명 이들 가운데 몇 명은 독서의 재미를 발견하고 자신의 나라에 돌아가서도 가족과 이웃에게 책 읽기의 씨앗을 퍼뜨릴 재목이 될 거라고 믿었.

그러나 그들은 도서관 50미터 앞 식당에는 가지만 도서관에는 절대 오지 않았다. 안 오겠다면, 쉼터를 찾아간 그날처럼 그들이 있는 곳으로 책을 가져가볼까? 이렇게 해서 '지구인마을 콩도서관 프로젝트'가 시작되었다.

## 콩 심은 데 콩 나고 책 심은 데 도서관 생긴다!

우선 중국, 파키스탄, 인도네시아, 캄보디아, 러시아, 다섯 나라의 '콩도서관'을 만들기로 했다. 세상에서 가장 작은 도서관이라는 의미에서 붙인 이름이다. 중국, 캄보디아, 러시아의 경우 자국 이주민들이 독서자조모임, 독서프로그램을 함께하기에 그나마 책 읽기에 익숙한 사람들이 많았다. 이 세 나라와 함께 인도네시아와 파키스탄 이주민과도 책 읽기 접점을 찾아보기로 했다. 파키스탄에서 온 이주민과는 독서 프로그램을 해보지 않았고, 도서관이 소장한 책도 100여 권밖에 없어 걱정되었다. 하지만 그동안 해당국 이용자들이 없었다는 것은 다시 말해 잠재적인 이용자들을 많이 찾을 수 있고, 새로운 책이웃을 많이 만날 수 있다는 의미가 아닐까!
콩도서관은 우리 도서관이 위치한 원곡동 다문화특구에서 해당국 사람들이 많이 모이는 곳을 거점 삼아 그곳에 설치하기로 했다. 먼저 거점 장소의 점주나 해당 공간의 종사자, NGO 기관 활동가들에게 콩도서관의 취지를 공유하며 협약을 요청했다. 이때 콩도서관에서 국가별 명예사서로 활동할 이주민을 발굴해 프로젝트 진행을 맡긴다. 그다음 각 거점에 '세상에서 가장 작은 도서관'을 만든다. 이곳에는 그 장소를 가장 많이 찾는 사람들의 출신국 책 한 권을 비치하고 책을 읽은 소감, 도서관 사람들에게 건네는 글 등을 남

이용자들을 직접 찾아가는, 작지만 힘센 콩도서관

길 '콩도서관 일지'를 놓아둔다. 책은 대여할 수 없고 오로지 그 자리에서만 읽을 수 있다. 일주일 혹은 이 주일에 한 번씩 책을 바꿔주고, 일지에 남긴 글들은 댓글을 달며 확인한다. 일지를 통해 한자리에서 같이 책을 읽지 못하는 시간적이고 공간적인 한계를 넘어 소통해간다. 이런 과정을 통해 지구인마을 콩도서관 다섯 곳이 탄생했다.

## 작지만 각자의 색이 존중되는 곳

"이게 도서관이라고?"
우리가 설치한 콩도서관이 너무 작아서 실망하는 사람도 있었다. 그러나 절대 무시해선 안 된다. 이 자그마한 도서관은 마법의 세계로 갈 수 있는 플랫폼과도 같고, 우리를 이상한 나라로 안내하는 토끼의 시계와도 같다.
중국 콩도서관은 평소에 자주 가는 중국 음식점으로 정했다. 꿔바로우가 맛있어 중국 사람들뿐만 아니라 한국 사람들도 많이 찾는 곳이다. 도서관의 독서동아리 회장님도 일주일에 한두 번 점심을 먹는 곳이라, 중국 결혼이민자인 그녀가 명예사서를 맡아주었다. 퇴근길에 그 중국집을 지나가면 배달하는 한족 청년이 가끔씩 음식점 앞 의자에 앉아 콩도서관 책을 읽는 걸 보게 된다. 그 모습에 가

만히 눈길을 두고 있으면 아름다운 영화 속 한 장면을 보는 듯한 기분이 들었다.

인도네시아 콩도서관은 다문화특구에서 인기 많은 곳 중 하나인 인도네시아 음식점으로 정했다. 50미터 앞에 도서관이 있다는 사실을 몰랐다는 주방장 무하메드와 서빙을 맡은 오반은 이 콩도서관 프로젝트를 통해 우리 도서관의 둘도 없는 일등 이용자가 되었다. 식당에 놀러 오는 인도네시아 청년들에게 책 읽기를 권해보라고 하자, 처음에는 절대 못 한다고 쑥스러워하던 그들이 이제는 제법 명예사서의 역할을 한다.

"도서관 누나! 어디 가요?"

내가 어디 출장이라도 가는 날에는 나를 불러 세울 만큼 친한 사이가 되었다.

캄보디아 콩도서관은 출신국 책과 한국 그림책을 함께 읽는 우리 도서관 프로그램, '날개 달린 도서관'을 4년 가까이 진행한 NGO 단체에 설치했다. 독서프로그램 덕분인지 이용자 수가 제일 많았다. 일주일에 스무 명 넘는 이용자가 콩도서관 일지에 감상을 남기며 다른 이용자의 안부를 묻는다.

우리 도서관에서 책 읽기 경력으로 따지면 가장 막내 격인 나라, 파키스탄의 콩도서관은 다문화특구 한가운데 위치한 파키스탄 식당에 설치했다. 프로젝트를 시작한 5월, 콩도서관 일지에 글을 남긴 사람은 달랑 두 명이었다. 하지만 석 달 만에 그 수가 20배로 늘어났고, 도서관에 오는 무슬림 이용자도 생겨났다.

러시아 콩도서관은 도서관에서 20분 정도 떨어진, 고려인이 모여 사는 '뗏골'이라는 마을에 설치했다. 방학이면 이곳에서 고려인 아이들이 삼삼오오 걸어와 고려인 어린이 독서교실에 참여한다. 이곳 주민 중 4년 동안 꾸준히 도서관에 오는 알리 아주머니는 500여 권 되는 러시아 책을 다 읽고 지금은 그 책들을 처음부터 다시 읽고 있다. 이렇듯 평소 도서관을 사랑하는 러시아 권역 이용자들의 지지를 등에 업고 뗏골 삼거리에 있는 피자 가게에 과감히 콩도서관을 심었다. 이 피자 가게는 오랫동안 고려인 지원 단체에서 일하던 활동가가 2016년에 문을 열었는데, 예전에 이 활동가에게 도움을 받았던 고려인들과 뗏골에 사는 러시아, 우즈베키스탄 이주민들이 많이 찾는다. 피자 가게 주인장이 아무래도 한 책으로는 부족하다고 하여 콩도서관을 확장해 주변 선반에도 다른 책을 비치하기로 했다. 다른 콩도서관과는 달리 책이 여러 권이어서 대출도 가능하게 했다. 이곳 운영자는 자연스레 피자 가게 주인장이 맡았다.

이렇듯 다섯 곳의 지구인마을 콩도서관은 장소와 이용자의 특색에 따라 저마다 독특한 책 향기를 피워내고 있다.

가을이 시작되는 어느 목요일 아침, 캄보디아 콩도서관 명예사서를 맡은 스레이나와 함께 캄보디아 청년 열 명이 도서관을 찾아왔다. 콩도서관에서 책을 돌려 읽다가, 모국어로 쓰인 책이 너무 읽고 싶어졌다고! 청년들이 한꺼번에 오니 작디작은 도서관은 더 비좁아졌다. 그러나 도서관 이용자 누구 하나 불편하다고 하지 않고, 친구를 맞이하는 것처럼 이들을 반기며 자리를 내어주었다.

이 프로젝트가 시작된 후 여러 해가 흘렀다. 그동안 콩도서관이었던 인도네시아 식당은 햄버거 가게로 바뀌었고, 나 또한 도서관을 떠나왔다. 하지만 도서관은 한 번의 만남, 한 가닥의 인연을 소중히 여기는 곳 아닌가. 나는 콩도서관에서 이어진 사람들을 지금도 만나고 있고 그때 나누었던 이야기는 우리가 함께 꺼내 볼 수 있는 추억이 되었다.

콩 한 알을 꿩으로, 닭으로, 마침내 송아지로 바꿨다는 우리 옛이야기 속 막내딸처럼 콩도서관 명예사서들도 한 알의 도서관 씨앗을 이용해 그 몇 배나 되는 귀중한 만남을 이뤄냈다.

도서관 밖으로 나가 어디든 책을 심어보자. 책과 사람, 사람과 사람이 연결되는 따뜻한 일을 우리 일상 속으로 불러들일 수 있을 것이다.

> **TIP 가까운 곳에 콩도서관 만들기**
>
> ❶ 국가별로 어디에 콩도서관을 설치하면 좋을지, 해당 국가 이주민들이 많이 모이는 곳을 물색한다.
> ❷ 가게, 문구점, 편의점 등 근처 상점과 협약하여 콩도서관을 설치한다. (운영 기간, 책을 교환하는 시기, 설치 장소 등을 점주와 협의해야 한다. 설치된 곳 바깥 출입문에 콩도서관임을 알리는 조그마한 간판을 붙여 두는 것이 효과적이다.)
> ❸ 콩도서관에 책과 일지를 놓아둔다. (책 분실이 걱정된다면 콩도서관을 위한 도서를 기증받아 운영해도 좋다.)
> ❹ 정기적으로 책을 교환하고 일지의 글들을 확인한다.
> ❺ 사서와 기존 이용자들이 멋진 댓글을 달아 콩도서관 이용자들을 격려한다.
> ❻ 근처 콩도서관을 산책하듯 다니며 책친구들을 만나는 일도 행운!

# 우리 도서관의
# 각양각색 독서동아리

2017년 실시된 「국민독서실태조사」를 살펴보면, 두 명 중 한 명은 일 년에 책을 한 권도 안 읽는다고 나와 있다. 어떻게 이런 일이! 나의 독서 멘토인 김은하 선생님은 『처음 시작하는 독서동아리』에서 "함께 읽기는 내가 아닌 다른 세계를 만난 사람들을 만나는 경험"이라고 했다. 정말 맞는 말이다. 신기하게 같은 책을 읽는 데도 느끼는 바나 생각이 모두 다르다. 이 이야기들을 나누는 것만으로도 또 하나의 독서가 된다. 혼자서는 약간 힘들고 지루했던 과정이, 같은 책을 읽은 사람들과 만나면서 훨씬 더 즐거운 경험으로 변할 수 있다.

우리 도서관에는 10여 개의 독서동아리가 있다. 어떤 동아리는 한 달에 네 권씩 어린이 문학을 읽기도 하고 어떤 동아리는 한 달에 한 권, 미스터리 문학을 읽고 토론을 한다. 각각 특성에 맞게 다양한 형태로 운영된다. 책, 혼자 읽는 것도 참 좋지만 함께 읽을 때 훨씬 재밌어 보이는 이유는 무엇일까? 이 동아리들을 들여다보면 발견할 수 있을 것이다.

## 느슨하지만 끈끈한 '토요미스터리 북클럽'

아주 오래된 독서 모임 하나가 우리 도서관에서 활동하고 있다. 2008년부터 시작한 '토요미스터리 북클럽'은 직장인으로 구성된 정말 헐렁한(?) 독서동아리이다. 한 달에 한 권 미스터리 소설을 읽고 마지막 토요일 저녁에 모인다. 주로 동네에 있는 작은 책방에서 모이는데, 어느 때는 근사한 중국 요리집에서, 어느 때는 양념치킨이 맛있는 호프집에서 만나기도 한다. 규칙은 회원 전원이 책을 꼭 완독하고 온다는 것뿐! SF, 추리소설 등을 읽어서이기도 하지만 직업과 연령대가 다양한 사람들이 모여 책을 함께 읽는 것 자체가 불가사의하다는 의미에서 미스터리(mystery)라는 이름을 붙였다.

20대부터 50대까지, 공단 작업반장부터 다큐멘터리 감독까지, 이 독서 모임이 아니면 일생에서 마주치기 힘든 사람들이 만나 한 달에 한 권 이상을 읽어낸다. 특별한 일 아니고는 누구 하나 빠지는 일도 없다.

토요미스터리 북클럽에서 연 김동식 작가와의 만남

규칙이 딱 하나여서 느슨한 모임처럼 보일 수 있지만 작가와의 만남도 활발하게 진행하는 등 회원들의 의욕만큼은 매우 짱짱하다. 오래된 모임인 만큼 그간 읽은 책이 많아 기억에 남는 작품을 꼽아보기도 했는데 역시 고전은 고전이었다.

회원들은 세계 3대 추리소설인 『환상의 여인』, 『그리고 아무도 없었다』, 『Y의 비극』을 최고의 소설로 뽑았다. 반전이 있는 『벚꽃 지는 계절에 그대를 그리워하네』, 『스노우맨』 등도 재미있게 읽었다고 한다. 그러나 미스터리 북클럽이라고 추리소설만 읽은 것은 아니다. 틈틈이 한강의 『채식주의자』, 현기영의 『순이삼촌』, 니코스

카잔차키스의 『그리스인 조르바』 같은 작품도 읽었다는 점이 우리들의 반전이라면 반전이랄까!

## 외국어로 책을 소개하는 '글로벌나르샤'

책과 함께 다양한 문화를 사랑하자는 취지로 만든 청소년 독서 봉사 동아리가 있다. 동아리 이름인 '글로벌나르샤'는 「용비어천가」의 '육룡이 나르샤'에서 착안하여 아이들이 직접 정한 것이다. 회원이 여섯 명이기도 하고, 이주민에 대한 인식과 차별 등 우리 사회의 한계를 딛고 독서 활동으로 다문화 감수성이 훨훨 나래를 펴도록 하겠다는 의지도 담았다. 한 달에 한 번 도서관에 와서 새로 들어온 중국 책이나 일본 책을 읽고 출판국의 언어로 소개 글을 쓴다. 책을 홍보하는 카피라이터라고나 할까. 실제로 이주민들 중에는 도서관을 처음 이용하는 사람이 많아 사서에게 종종 이런 질문을 한다.
"도서관에 처음 왔어요. 어떤 책을 읽으면 좋을까요?"
처음에는 대답이 쉽게 나오지 않아 이마에 땀이 맺혔다. 재미있는 책을 권해야 질문한 사람이 계속 도서관에 올 것이란 부담감 때문이었다. 그럴 때 글로벌나르샤의 소개 글이 아주 큰 도움이 되었다. 도서관 이용자에게 아이들이 쓴 소개 글을 보여주면 흥미를 가지고 살펴보다가 책을 고르는 사람이 많았다. 이름처럼 나에게 날개

글로벌나르샤 아이들이 발랄하게 꾸민 책 소개글

를 달아준 친구들이다.

이들은 고등학교 1학년부터 활동을 시작했는데 벌써 대학생이 되었다. 국제학부에 입학한 한 친구는 대학 생활 속에서도 도서관에서의 활동을 잊지 않고 있다면서, 이주민의 인권 증진을 위해 일하는 사람이 되겠다고 소식을 전해오기도 했다.

### 멋진 엄마들의 그림책 모임 '다다다 새싹 독서동아리'

9개 나라에서 온 결혼이주민들과 지역 주민 20여 명으로 이루어진 '다다다 새싹 독서동아리'는 단연 우리 도서관의 대표 동아리이다. '다양한 사람들과 다양한 문화로 만나는 다문화 독서동아리'의 앞 글자를 따고, 다문화도서관이라는 나무 아래 튼튼한 새싹으로 크고 싶다는 바람을 담아 이름을 지었다. 회원들은 2014년부터 우리나라와 세계의 그림책을 함께 읽으며 마음을 나눴다.
어느 날, 한 회원이 아이에게 주기 위해 그림책 장면을 수놓는 모습을 보고 우리 모두 놀라운 사실을 알게 되었다. 각자의 나라 모두 자수 문화를 가지고 있고, 손을 움직여 책을 향한 애정을 표현할 수 있다는 것을! 이 동아리는 2015년부터 세계의 그림책 표지를 수놓아 작품으로 만드는 작업을 꾸준히 해오고 있다. 손끝에서 탄생한 책 표지들은 지역의 작은도서관들을 거쳐, 안산중앙도서관, 성남, 대구, 용인, 인천 등에서 도서관 이용자들을 만났다. 이 동아리가 가장 빛나는 순간은 단연 엄마들이 그림책에 대해 이야기하고 자신들이 수놓은 표지를 설명할 때이다.

## 마음의 쉼표를 키우는 '목요청년독서회'

도서관에서는 청년들을 찾아보기가 힘들다. 청년은 우리 사회에서 가장 바쁜 친구들이다. 하지만 우리 도서관에서는 이들을 만나는 일이 익숙하다. 도서관 자원 활동을 하고 있는 친구들과 방학을 맞이해 고향으로 돌아온 대학생들을 모아 '목요청년독서회'를 조직한 시기가 벌써 4년 전이다. 각자 필요한 책과 독서 취향이 다름을 감안하여 일주일에 한 권씩 서로 다른 책을 읽고, 그 책을 소개하기로 했다. 그리고 추천한 책 중 읽고 싶은 책을 투표로 정해, 가장 표를 많이 받은 책은 그다음 한 주 동안 자유롭게 읽고 함께 이야기하는 것까지가 이 독서회에 주어진 임무이다. 일주일 동안 한 권씩 책을 읽게 되는 셈이다.

청년들은 자기계발서를 많이 읽었고 그다음으로는 취업에 대한 압박에서 벗어나기 위해서인지 마음을 편하게 하는 수필집을 읽었다. 특이한 점은 『시를 잊은 그대에게』를 읽고 나서의 반응이었다. 이 책을 읽은 두 청년은 시의 매력에 빠져, 도서관에 올 때마다 방명록에 멋진 시 한 편을 남기고 간다. 시만큼이나 속이 꽉 차고 멋있는 청년들을 알게 된 것이 이 모임의 가장 큰 수확 아닐까?

## 세계의 재있는 이야기를 전하는 '반짝반짝 여우별'

'반짝반짝 여우별'은 중국에서 온 엄마들이 의기투합한 동아리이다. 아이들에게 재밌는 이야기를 들려주기 위해 매주 모여 이야기책을 읽고, 동화 구연을 위한 시나리오를 만든다. 이들이 만든 교구는 탐이 날 정도로 솜씨가 좋다. 동화 구연 무대는 소품부터 의상까지 또 얼마나 정성껏 준비하는지, 집중력이 약한 아이들도 시선을 고정하지 않을 수 없을 만큼 매력이 넘친다.

한국어를 모르는 아이들도, 중국어를 전혀 모르는 아이들도 이야기를 들으면 이해할 수 있도록 중국어와 한국어를 적절히 섞어 재

미있는 이야기를 만들어내는 것이 목표이다. 요즘에는 자신들의 고향에서 전해오는 전설과 설화를 글로 써서 시나리오로 만들고 있다. 또 어떤 이야기로 시선을 사로잡을지 매번 기대하게 만드는 팀이다.

책을 향한 애정, 넘치는 의욕만큼이나 다채로운 독서동아리들을 보면 책을 읽는 것이 과연 기한을 정해놓고 숙제하듯 해야 할 일인가 생각하게 된다. 매일매일 즐기면서 읽으면 좋지만 생활 속 책 읽기가 쉽지 않다면 용기를 내어 가까운 독서동아리의 문을 똑똑 두드려보자. 새로운 책, 새로운 사람, 새로운 문화를 만나 저마다의 삶에 반짝이는 보물 같은 시간을 만들어갈 수 있을 테니 말이다.

# 우리 도서관은
# 우리가 지킨다!

아침 출근길에 한 번, 퇴근길에 한 번, 아이들 학교에 다녀오면서 한 번, 그냥 지나가다 한 번, 시간이 있을 때마다 도서관에 들르는 사람들이 있다. 올 때마다 "뭐 필요한 거 없어요?", "이런 거 해보면 어때요?"라고 이야기하는 사람들. 오늘도 그들의 작은 목소리가 도서관을 통해 큰 울림이 되어 퍼져 나간다.

### "몇 나라 말을 할 줄 아시나요?"

다문화도서관에서 일하면서 가장 많이 듣는 말 중 하나는 바로 "몇 나라 말을 할 줄 아세요?"라는 질문이다.
서가 가득 꽂힌 외국 원서를 보고 도서관 곳곳에서 이용자들이 쓰는 말을 들은 사람이라면 누구나 궁금해 할 만하다. 실제로 도서관에는 23개 언어권의 국외도서 1만 3,000권이 꽂혀 있다. 우리나라에서 영미 원서를 제외한 외국 원서가 가장 많은 곳이다. 중국을 비롯하여 인도네시아, 몽골, 우즈베키스탄, 프랑스, 캄보디아 등에서 출판된 책들이 빼곡하다. 사실 나는 이 책들에 쓰인 언어 대부분을 모른다. 그러나 여러 나라의 책을 선택하여 사들인 후에 외국인 이용자들이 도서관에 오면 자신 있게 책들을 추천한다. 모두 전 세계에서 모인 우리 도서관의 '세계명예사서단' 덕택이다.

## 조금 까다로운 자격과 엄청난 혜택

세계명예사서단은 4년째 꾸준히 운영되는, 우리 도서관의 장수 모임이기도 하다. 자격 요건은 우리 도서관에서 30권 이상 자국의 책을 대출했거나, 독서 문화 프로그램에 참여하고 수료한 경험이 있어야 한다는 것. 이용자들은 이를 두고 의외로 까다롭다고 한다. 어머니들은 아이들이 읽을 책은 많이 빌려 가지만, 본인 눈높이에 맞는 출신국 책은 거의 대출하지 않는다. 모국어로 된 책을 30권 이상 빌려 가는 사람들은 진정으로 독서를 좋아하는 사람이라고 생각하기에 명예사서의 자격 요건으로 꼭 넣었다.

까다로운 자격에 걸맞은 혜택이란 무엇일까? 도서관 이용법과 독

서의 필요성 등을 체계적으로 알려주는 사서교육에 참가할 수 있다는 점, 세계명예사서 증서를 받는다는 것뿐이다.

"에이, 혜택이 별거 없네요."

이렇게 이야기하는 사람들도 있었다. 활동에 대한 대가로 자원 활동비를 주는 곳도 있고, 취업과 연계해주겠다고 하는 곳도 있다고 한다. 하지만 나는 도서관이야말로 책을 진심으로 좋아하는 사람들이 모여야 한다고 생각했다. 스스로가 주인이 된 것처럼 도서관을 아끼는 사람들이 함께하길 바라는 마음도 있었다.

세계명예사서는 보통 국가별로 두세 명씩 선발되는데 첫해에는 접수한 사람들 모두가 활동할 수 있었다. 다음 해에는 후보 몇 명이 생길 정도였고, 해를 거듭할수록 경쟁을 통해 활동가들을 선출해야 했다. 중국, 베트남, 캄보디아의 경우는 경쟁률이 꽤 높았다. 2019년에는 도서관을 책임질 14개국 스물세 명의 '어벤져스'가 탄생했다.

## 우리는 동네 도서관의 영웅들!

"하라쇼!"('좋다.'라는 뜻의 러시아어)

"옥쿤!"('고맙다.'는 의미의 캄보디아어)

위 단어들처럼 이주민들에게서 들은 몇 단어가 내가 알고 있는 그들의 언어 전부이다. 그러나 나는 언어적인 어려움 없이 80여개의 나라에서 온 사람들과 만나고 외국 책과 잡지 들을 보며 어떤 책을 구비할지 선정한다. 세계명예사서단 활동가들이 없었다면 불가능한 일이었다.

우리 도서관이 문화 다양성의 특색을 갖춘 곳이다 보니, 전국의 초, 중, 고등학교에서 견학을 오는데 이때에도 명예사서단이 큰 역할을 한다. 어느 해에는 봄에만 20곳 이상의 학교에서 500명 넘는 학생들이 23평인 작은 우리 도서관을 둘러보고 갔다. 아이들은 도서관에 머무는 짧은 시간 동안 무엇을 생각할까? 도서관에 들어올 때와 나갈 때의 마음은 어떻게 달라져 있을까?

나는 세계명예사서들과 여러 차례 논의를 해보았다. 그리고 우리가 가진 책들을 통해 더 넓은 세계로 방문객들을 안내할 방법을 찾

캄보디아 책을 읽어주는 활동가

아보기로 했다. 캄보디아 활동가들은 한국에 소개되지 않은 캄보디아 그림책을 아이들에게 읽어주겠다고 했다. 내용을 궁금해하는 아이들을 위해 자원 활동가 대학생들이 캄보디아어 다음에 한국어로 번역도 해주었다. 생각보다 근사한 반응들이 나왔다. 특히 책과 멀어진 중, 고등학교 학생들의 관심이 높았다.

캄보디아어로 듣는 그림책 이야기, 생소한 화풍, 낯선 언어를 만나는 기분 좋은 생경함 등은 우리의 언어, 우리의 문화가 아닌 다른 언어와 문화에도 관심을 기울이게 했다. 캄보디아 활동가뿐만 아니라 중국 활동가들도 모국어로 책 읽어주기 활동을 시작했다. 일주일에 두세 번씩 돌아가며 견학 오는 아이들을 만나 새로운 세계로 데려다준다.

무엇이든 함께 논의하면 해결책이 척척 나오는 우리 도서관의 진정한 해결사들이 바로 세계명예사서단이다.

## 도서관에서 산 게 아니에요

우리 도서관은 이용자의 90퍼센트가 외국에서 온 이주민이다. 그들 중 절반이 중국에서 온 사람들로 한족과 중국 동포가 거의 반반이다. 진정 독서를 사랑하는 조선족 할아버지 네 분을 포함하여 도서관에 있는 중국책을 모두 읽은 전직 의사 선생님, 과학책의 매력에 빠져 『코스모스』, 『블랙홀과 시간여행』에 이어 『신의 입자』를 읽기 시작하신 훙려 할머니까지 새로운 책이 들어오길 기다리는 분들이 꽤 있었다.

하지만 예산은 정해져 있고, 이를 언어별로 나누어야 하니 한 나라당 매해 살 수 있는 책은 20~30여 권에 불과하다. 새 책이 들어와야 도서관에 더욱 활기가 생기는데 물리적으로 부족한 것이다. 우리 도서관은 그나마 상황이 나은 편이지만 많은 도서관에서 다양한 책과 잡지를 살 예산이 부족한 실정인데 가끔 '어디에서 뚝 떨어진' 다문화 원서 구입비를 어떻게 써야 할지 모르겠다고 급히 자문을 구하는 분들도 있으니, 이러한 현실을 마주할 때면 참 씁쓸하다.

우리 도서관에서는 이 문제를 해결하기 위해 세계명예사서들을 중심으로 머리를 맞댔다. 이번에는 중국 활동가들이 제일 적극적으로 나섰다.

"생각해보니, 한 달에 한 번꼴로 고향에서 친척들이 한국에 들어와요. 다음 주에는 제가 중국에 갔다 오니, 그때 책들을 사가지고 올게요."

명예사서들과 함께 논의한 지 보름 만에 중국에서 여성들이 가장 많이 본다는 〈지음〉과 독자를 의미하는 이름의 잡지 〈두저〉가 연속간행물 서가에 나란히 놓이게 되었다. 그러한 활동은 계속 이어져 2년 동안 한 호도 빠지지 않고 도서관의 중요한 자료가 되었다. 친척이나 친구가 한국에 들어오면 안부를 묻기도 전에 잡지 구해 왔냐고 물었다고 한다. 모두가 이렇게 열심이어서 어떤 달은 똑같은 잡지를 두 권 소장할 때도 있었다. 우리나라에서는 외국 잡지를 제 시기에 사서 갖추기가 어렵기에, 사람들은 이 잡지들을 어디서 구했냐고 많이 묻는다.

"도서관에서 산 게 아니에요. 활동가분들과 이용자들이 현지에서 구해오신 거랍니다."

이 말을 할 때마다 명예사서들에게 미안한 마음, 우리 도서관을 향한 애정에 감사하는 마음으로 가슴이 가득 차는 느낌이었다.

이들의 활동기를 더 구체적으로 이야기한다면 아마 책 한 권은 뚝딱 나올 것이다. 명예사서단은 도서관 북콘서트 준비 과정에서도 크고 작은 일들을 했고 어느 해에는 무대에 올라 당당하게 세계인 권선언을 했다. 세계지도가 필요한 프로젝트를 한다고 했을 때에는 고향의 지도를 앞다투어 구해왔다. 책반상회에서도 앞장서서 음식을 만들어 나누었다. 무엇보다 출신국의 커뮤니티에 도서관을 알리고 즐거운 책 읽기를 권한다. 모두가 멋진 독서운동가가 되어 '어벤져스'처럼 세상을 구하고 있다.

세계명예사서들은 이 활동을 통해 스스로 많이 성장했다고 입을 모은다. 다른 나라에서 온 사람들과 함께 활동하면서 타인의 입장에서 생각할 기회가 많았고, 모두가 동등한 입장에서 의견을 주고받으니 도서관 일들이 꼭 내가 해야 할, '내 일' 같다는 이야기를 한다. 저마다 다양하고도 긴 여정을 거쳐 우리 도서관에서 만난 사람들, 특히 이들은 상대방을 향한 조건 없는 애정을 품고 표현하며 나누는 모습을 몸소 보여주었다. 도서관을 떠나온 지금, '고립'과 '단절'이 익숙하게 들려오는 세상에서 헛헛한 마음이 들 때마다 나는 종종 그들과 함께한 시간을 떠올리곤 한다. '한순간'으로 그칠 수 있었던 만남을 계속 이어가기 위해 그들이 얼마나 뜨거운 진심을 보여주었는지, 서로에게 소중한 친구이자 든든한 지원자가 되어 이웃 공동체를 만들어가는 모습이 얼마나 소중하고 귀한 것이었는지!

# 어느 날 엽서가 도착했습니다

우리 도서관에 오면 『나미야 잡화점의 기적』처럼 우리의 이야기를 듣고 답해주는 '책친구'를 만날 수 있다. 책 이야기를 엽서에 적어 보내면 언어와 문화적인 배경이 다른 지구별 친구들이 한 자 한 자 글을 써서 답장을 한다. 도서관에 발길이 닿은 이들은 빨간 우편함에 엽서를 넣은 뒤 기다리고 있을 것이다. 먼 길을 걸어온 친구들에게서 올 따끈따끈한 답장을.

### 도서관 밖은 불편해요!

2016년 12월, 지역에 독서동아리 네트워크가 구성되었다. 작은도서관을 중심으로 활동하는 독서동아리 50여 개가 함께 책 읽기의 의미를 이야기하고 소통하기 위해 모인 것이다. 당시 우리 도서관에는 '다다다 새싹 독서동아리', '반짝반짝 여우별', '토요미스터리 북클럽' 등 5개의 독서동아리가 활동 중이었다. 시간이 갈수록 책 읽는 즐거움에 빠져 정식 모임이 아니더라도 회원들끼리 틈틈이 만나 다른 책을 읽기도 하고, 그동안 읽은 책 이야기를 나누기도 한다. 이들이 만나면 웃음소리가 그치지 않는다.

우리 도서관 동아리들끼리는 이렇게 가끔 교류 모임도 하고 도서관을 오가며 만나기도 해서 어색함이 없는데, 지역 네트워크에 같이 나가자고 하니 많은 사람들이 어려움을 표했다.

"우리끼리는 괜찮은데, 한국 사람들이 많이 모인 곳에 가면 마음이 힘들어요."

"말하다가 틀리면 어떡해요."

"호기심의 눈으로만 우리를 보는 것이 싫어요."

나는 적잖게 놀랐다. 이주민과 선주민이 도서관에서 함께 당당히 자리매김하는 과정을 지켜보며 이들이 더 넓은 곳으로 나가도 어려움이 없을 줄 알았다. 결국 한국어에 익숙한 몇몇 회원과 네트워크에 참석해야 했다. 그분들조차 모임 내내 긴장하는 듯했다.

## 응답하라 책 친구들!

그렇다면 우리 도서관 이용자들과 지역의 다른 도서관 이용자들이 서로 부담을 느끼지 않고 소통할 수 있는 프로그램은 없을까? 동아리 회원들과 도서관을 찾는 어린이부터 청소년, 할아버지까지 브레인스토밍으로 이야기를 주고받았다. 아직 여운이 가시지 않은 인기 드라마 〈응답하라 1988〉 이야기를 나누다가 번쩍 떠오른 아이디어가 있었다.

"그래! '응답하라 지구별 책친구들!'을 해보면 어떨까?"

우리 도서관에는 이미 '세계 엽서 여행' 전시를 위해 80개국 이용자들에게 기증받은 세계 각국의 엽서가 있었다. 프린트 문양이나 스타일이 다양해서 보기만 해도 그 나라가 궁금하고, 가고 싶게 하는 마법의 엽서들이다. 이 엽서들을 활용하면 더 멋지겠다는 생각이 들었다.

우선 우체통을 만들어 '지구별 책친구 우편함'이라고 이름 짓고 우리 도서관과 이웃 작은도서관 열 군데에 설치했다. 이용자는 비치된 다양한 엽서 중 하나를 골라 엽서가 발행된 나라의 문화나 책에 대한 질문을 담은 편지를 쓰면 된다. 그런 다음 우체통에 툭, 하고 넣기. 이후에는 우체통들에 담긴 엽서를 걷어와 우리 도서관 이용자인 이주민이 출신국의 언어로 답을 쓰고, 거기에 한국어로 된 해

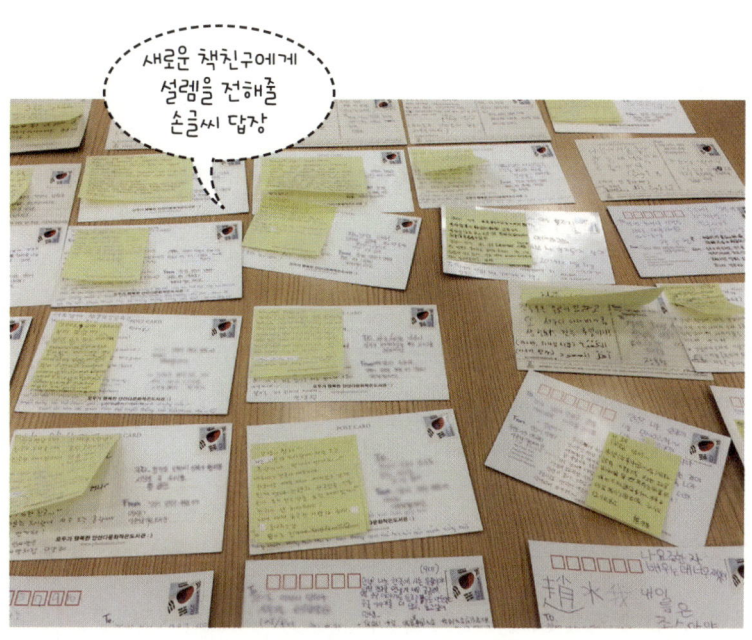

석을 달아서 한 달쯤 뒤에 참가자 집으로 우편 발송을 한다. 한마디로 독서 펜팔 프로젝트인 셈이다.

손글씨를 쓸 일이 없는 요즘 예쁜 엽서에다 정성스레 글을 쓰고, 한 달 뒤 외국어로 된 답장을 받는다는 설렘 때문인지 이웃 도서관들이 바로 응답해왔다. 지역 곳곳의 작은도서관 이용자 350여 명이 참여한 것이다. 오가는 편지를 통해 많은 이용자가 우리와 함께 살아가는 이주민들을 생각해볼 수 있었다고 전해왔다. 여기에서 그치지 않고 지역에 있는 한양대학교 에리카캠퍼스와도 협력해 학술정보관에 '응답하라 한양대 책친구들!' 우편함을 설치했다. 준비된 엽서 250장이 모두 소진되는 바람에 이틀 만에 프로그램을 마감해야 했다. 우표와 엽서 한 장만 있으면, 우리나라 어느 도서관에서든 함께할 수 있겠다는 확신도 들었다.

## '응답하라 지구별 책친구들!' 그 후

이주민들이 출신국의 언어로 답장을 쓰는 동안 도서관에 여러 통의 문의 전화가 왔다.
"콩고 친구한테 편지 썼는데, 언제 받을 수 있어요?"
"얼마 전에 사우디아라비아에 다녀오면서 엽서를 구해왔는데요, 기증하고 싶어요."

이웃 도서관 어린이들도 책친구!

이들 대부분은 프로젝트에 참가하기 전까지 다문화작은도서관이 이렇게 가까이에 있는지도, 같은 공간에 이만큼 다양한 이주민이 살고 있는지도 몰랐다고 한다. 우리 도서관 이용자들도 놀랐다. 지역 도서관 이용자들이 우리 답장을 이렇게 기다린다니! 한 아이가 엽서로 러시아의 최고 맛있는 음식을 물어보았는데, 맛있는 음식이 너무 많아서 어떻게 답을 해야 할지 모르겠다는 빅토리아의 얼굴에 두근두근 설렘이 느껴졌다.

한 달 후 답장을 받은 이들의 이야기도 들려왔다. 재환이는 방학 숙제로 엽서를 제출해서 담임선생님께 칭찬을 받았다고 한다. 윤아는 답장을 코팅해 책상에 붙여놓고 일등 보물로 정했다는 소식을 전해왔다.

엽서를 보낸 사람도, 답장을 쓴 사람도 소중히 간직할 만한 추억이 만들어진 셈이다. 책을 중심으로 서로가 마음을 나눌 수 있는 시간이 되지 않았을까. 다양한 문화적 배경을 가진 이용자들이 언어의 한계 때문에 소외되지 않을 수 있고, 더 나아가 프로그램의 주체가 된다는 사실에 행복해한다. 그리고 다음에는 도서관 밖에서도 긴장하지 않고 타인에게 손을 내밀 수 있을 것 같다고 했다. 우리는 이미 편지로 만나 마음을 나눈 사이니까!

> **TIP** 누구나 부담 없이 참여하는 '응답하라 책친구!' 프로젝트

❶ 답장을 쓸 책친구 팀을 구성한다.
 (추리소설을 많이 보는 이용자, 과학책을 잘 아는 이용자 등으로 다양하게 꾸리되, 책친구의 정체는 비밀로 하고 특징만 간단히 언급해야 더 재미있다.)
❷ 책친구 우편함을 만들고 옆에 친구 리스트를 부착한다.
❸ 우편함 주위에 엽서나 편지지를 비치한다.
❹ 마음에 드는 책친구를 골라 글을 쓰게 한다.
 (이때 꼭 엽서를 받을 주소를 쓰도록 안내해둔다.)
❺ 일주일 또는 보름 정도에 한 번씩 엽서를 정리해 책친구에게 전달한다.
 (쉿! 반드시 비밀을 보장해야 한다.)
❻ 책친구가 답장을 쓰면, 도서관에서 모아 정해진 날에 참가자의 주소로 우표를 붙여 보낸다.
 (가까운 곳이라면 우편배달부를 정해 직접 배달하는 것도 좋다.)

# 특별한 도서관의
# 엉뚱한 북큐레이션

'예산 문제로 책을 많이 살 수 없다.'
'도서관에는 다양한 취향을 가진 이용자가 온다.'
'서가에 꽂힌 채로 한 번도 읽히지 않은 책들이 있다.'
이런 고민을 가졌다면 여러 책을 한자리에 불러 모을 특별한 주제를 생각해보는 것은 어떨까? 엉뚱하거나 별것 아닌 듯 보이는 테마도 괜찮다. 이용자들이 생소해하는 책, 서가에서 오랫동안 잠자던 책에게 새로운 의미를 찾아줄 수 있기 때문이다.

### 먼지에 쌓인 책들을 구하라!

외국에 나가보면 한국은 책을 쉽고 편하게 구해 읽을 수 있는 나라임을 체감하게 된다. 한번은 키르기스스탄에서 온 청년이 러시아어로 된 문학책 한 권을 희망도서로 신청했다. 러시아에서 인기 많은 책이기에 구하기 쉬울 거라는 그의 말에도, 혹시 모르니 시간을 넉넉히 잡고 한 달 안에 구비하겠다고 장담했다. 결론부터 말하자면, 일 년이 지난 후에도 그 책을 구할 방법을 찾지 못했다.

먼저 국내의 외국 서적 수입 업체 두 곳에 문의했는데, 그들은 한 달 만에 백기를 들었다. 다음에는 러시아에 다녀오시는 알료나 할머니에게 부탁드렸고, 그다음에는 독서동아리 회원인 천따냐 선생님이 아이들 비자 때문에 고국에 가시는 길이어서 책 정보를 적어 주었다. 그러면서 알게 되었다. 러시아에서도 꽤 큰 도시에 나가야 서점을 만날 수 있고, 서점에 가더라도 원하는 책을 구하기는 하늘의 별 따기라는 사실을. 그래서 생각했다. 그 나라에서도 구하기 힘든 '책'이라는 매체를 우리 도서관이 이제까지 최선을 다해 찾고 또 가지고 있었구나. 정말 귀중한 자료들이구나!

이렇게 어려운 경로를 통해 우리 도서관에 안착했는데 아쉽게도 서가에서 한 번도 빠져나오지 못한 채 먼지에 쌓여 빛을 잃어가는 책들이 많았다. 이 책들이 사람들 눈에 띄게끔 도와주고 싶었다. 책에 대한 궁금증이 생긴 누군가에게 선택되어 도서관 밖 여행을 하길 바랐다. 그러나 문제는 쉽게 풀리지 않았고 오랫동안 숙제로 남아 있었다. 어느 날 우연히 참석하게 된 교육에서 해결의 열쇠를 발견하고는 나도 모르게 소리를 질렀다. 북큐레이션! 새로운 세계가 나를 기다리고 있었다.

## 북큐레이션으로 독자 안내하기

미술관에 가면 큐레이터가 기획한 전시회를 볼 수 있다. 큐레이터는 일관된 주제를 정해 그 안에서 함께 엮어 보며 의미를 발견할 수 있는 미술작품을 선별하고, 공간을 고려해 어떻게 전시할지 구상하는 직업이다. 북큐레이터도 비슷하다. 출판된 수많은 책 중 독자에게 맞는 책을 선택하고, 각자의 취향껏 읽을 수 있도록 연결해주는 안내자이다. 책을 많이 만나고, 독자를 가장 많이 알고 있는 사서의 일 중 이렇게 멋진 작업이 또 있을까!

사례를 찾아보니 출판사별 사회과학 도서들을 묶어 북큐레이션을 한 곳도 있었고, 건강한 먹거리와 다이어트에 관한 책을 전시한 곳도 있었다. 아이들의 발달 단계에 따라 큐레이션을 한 도서관, 고양이 등 주위에서 쉽게 볼 수 있는 동물을 주제로 큐레이션한 책방도 눈에 띄었다. 그들은 모두 특색 있는 주제로 예비 독자들에게 말을 걸고 있었다.

## 함께 만드는 '세계의 얼굴'

서가를 둘러보다 보면 내용이 궁금한 책들이 있다. 생소한 언어로 되어 있기에 표지 이미지만 보고 내용을 유추하고는 한다. 안타깝게도 이 책 대부분은 서가 구석에서 헤어 나오지 못한다. 어떻게 이 책들을 빛나게 할 수 있을까? 공간이 좁고 구비 도서는 나라별로 한정되어 있으며 모국어가 다른 이용자들로 가득하지만, 우리 도서관에서도 북큐레이션을 해보기로 했다.

북큐레이션의 주체로서 나에게는 치명적인 문제가 있었다. 언어적 한계로 책들을 주제별로 선별할 수 없다는 것이었다. 우리나라 책과 달리, 동남아시아에서 출판되는 책 표지는 색이 화려하고 일러스트보다 실사 이미지가 많다는 점에 착안해 색상별로 큐레이션을 해볼까 생각했다. '옐로' 테마를 붙이고 노란색 표지 책들을 모아 전시하고, 그다음에는 '레드' 테마로 붉은색 표지 책들을 전시해볼 계획이었다. 서가를 같은 색상의 책으로 채워도 재미있을 것 같았다.

그러던 중 사람들의 얼굴로 이루어진 표지가 많다는 점을 발견하고, '세계의 얼굴'이라는 주제로 큐레이션을 하기로 했다. 신기하게도 23개 언어권의 얼굴들이 한 서가에 모였다. 그러고 나니 더 욕심이 났다. 이 책들이 어디에서 출판된 책인지 표시하면 좋을 것 같았다.

이용자들의 호기심을 불러일으킨 큐레이션 서가

2장 | 찾아가고, 맞이하고, 마주하고

이용자들에게 수소문하여 커다란 세계지도를 얻었다. 그러나 23평 작은도서관에는 이 지도를 펼쳐놓을 공간이 없었다. 그래서 도서관 입구 맞은편 벽에 지도를 붙이기로 했다. 도서관 서가에 놓은 책들과 도서관 밖에 있는 지도를 어떻게 연결할지가 고민이었다. 해답은 책 표지를 컬러로 복사하여 지도 위에 붙여놓는 것이었다.

## 새로운 세계를 보여주는 큐레이션 서가

웅성웅성, 도서관 앞이 북적였다. 평소 아무도 눈길을 주지 않던 벽면에 사람들이 모이기 시작했다. 자기 나라 언어로 된 책이 아니라서 펼쳐볼 생각도 하지 않았던 책에 관심을 보이고 호기심 어린 눈으로 책 표지와 지도를 읽어갔다. 지도에서 자기 나라를 찾기도 하고, 도서관에 들어와 얼굴이 있는 책을 찾아 바로 빌려가기도 했다. 북큐레이션을 한 지 이틀 만에 전시한 책의 3분의 1이 대출될 위기(?)에 처해서, 전시가 끝난 뒤 빌려가달라고 부탁할 지경이 되었다. 놀라운 반응에 또 하나의 재미난 생각이 떠올라서 3일째 되는 날, 지도 옆에 조그마하게 안내글 하나를 붙였다.

〈길을 걷는 자들의 지도맵 토크〉
'세계의 얼굴' 책 이야기가 궁금하거나,

자신의 이야기를 하고 싶은 사람들은
이번 주 금요일 3시 30분, 도서관으로 모여주세요!

특별히 홍보하지도 않았고 누구에게도 와주십사 이야기하지 않았는데, 이 짧은 안내 글을 보고 10여 명의 사람들이 모였다. 2시간 넘게 자신이 걸어온 길 그리고 전시된 책에 대해 이야기를 나누었다. 사람들이 책 내용을 알게 되고, 먼 길을 거쳐 우리 도서관까지 오게 된 지구별 이웃의 이야기를 듣게 된 행운! 조그마한 서가 한 켠이 새로운 세계를 불러들이는 순간이었다.

다행히도 우리 주위에는 참고할 정보와 아이디어가 무진장 많다.

독특한 아이디어와 콘셉트, 맥락으로 책들을 엮기만 하면 된다. 지금보다 훨씬 흥미로운 이야기들과 재미있는 사람들이 호박 넝쿨처럼 줄줄이 도서관으로 소환될 것이다. 이 마법을 부린 마법봉은 바로 북큐레이션. 책과 독자를 사랑하는 사람이라면 누구나 북큐레이터가 되어 둘 사이에 '만남'이란 다리를 슬쩍 놓을 수 있다.

 **북큐레이션 주제 정하기**

북큐레이션 주제는 다양하게 잡을 수 있다. 작가별로 쉽게 접근할 수도 있고, 인터넷서점이나 도서관 관련 잡지를 참고해도 유용하다.

- 간식이 나오는 그림책(『고구마구마』, 『알사탕』 등.)
- 다양한 괴물이 나오는 SF
- 고양이, 토끼 등 특정 동물이 주인공인 책
- 소리가 주제인 책
- 월간 『학교도서관저널』에 소개되는 다양한 테마의 큐레이션을 참고하면 효과 만점!

# 나만의 발자취를
# 도서관 서가로

태어난 곳에서 평생을 사는 사람은 드물다. 공부하기 위해 혹은 직장을 구하기 위해 사람들은 살던 곳을 떠나 새로운 지역에 터전을 잡는다. 그러고 보면 지금을 살아가는 사람들 대부분은 이주민인 셈이다.

사람들이 걸어온 발자취를 고스란히 담은 지도를 모아 도서관 프로그램을 기획해보면 어떨까? 지도를 서가에 구비하고 거기 얽힌 이야기를 함께 읽어간다면 지도도 하나의 근사한 책이 되지 않을까? 시간이 지나면 지날수록 처음 예상보다 더 멋진 지도, 멋진 사람, 멋진 이야기가 모여들었다.

## 우리 모두는 길을 떠난다

우리 도서관에서 한 달에 한 번 하는 책반상회. 도서관 운영에 관한 이야기도 하고 한 달 동안 자신이 읽은 책도 소개하는 날이다. 이때 새로 도서관에 온 사람이 있으면 자기소개를 꼭 하는데, 도서관 이용자 90퍼센트가 외국에서 온 이주민인 까닭에 이 시간은 늘 버라이어티하다.

종교적 갈등을 겪고 파키스탄에서 난민으로 온 아델, 사랑하는 남편을 따라 캄보디아에서 온 메니아, 아들과 함께 살기 위해 중국에서 온 광철 할아버지, 우즈베키스탄에서 한국무예의 매력에 빠져 태권도를 배우러 온 세르게이…… 우리 도서관 이용자들만 듣기에는 아까운, 가슴 아프기도 하고 감동적이기도 하며, 아름답기까지 한 이야기들을 품고 많은 이들이 이곳에 터를 잡고 살아간다. 이야기들이 흥미로워 커다란 세계지도를 펴놓고 저마다의 경로를 그렸는데, 지도 위에 나타난 이주 경로는 실로 경이롭기까지 했다. 우리 도서관 이용자들의 발자취가 지도 전체를 새까맣게 덮었던 것이다.

지도 한 장으로 이용자들의 이야기가 술술 이어졌다. 재미있었다. 한 사람 한 사람의 이야기가 담긴 지도가 도서관에 모이면 좋을 것 같았다. 이참에 '세계지도 도서관 프로젝트'를 시작했다. 전 세계 지도들이 한 권의 책이 되어 이용자를 만나는 프로젝트이다.

## 지도와 함께 오인 이야기들

먼저 포스터를 만들어 도서관 안팎에 붙이고 이웃 도서관들에도 홍보를 부탁했다. 그리고 이용자들과 논의해 "당신이 여행한 곳의 지도를 보내주세요!"라는 슬로건을 정하고 SNS에 프로젝트의 시작을 알렸다.

이주노동자들과 결혼이주민들이 고향의 지도를 하나둘씩 가져다주었다. 평소 지리와 지도를 좋아하는 청소년들도 그동안 모았다며 지도 뭉치를 가져왔다. SNS를 통해 프로젝트를 알게 된 분들이 지도와 엽서, 그리고 간단한 여행 후기를 적어 도서관으로 보내기도 했다. 한 출판사의 디렉터는 이탈리아 볼로냐 아동 도서전에 다녀와 현지에서 꼼꼼하게 체크하며 지니고 다닌 볼로냐 시가지 지도와 골목 상세 지도를 보내주었다. 연구 프로젝트로 독일에 갔던 어느 대학의 교수님은 독일 특유의 빳빳한 종이에 출력된 프랑크푸르트 지도와 엽서를 기증했다. 일본 오사카를 여행하던 사서는 오사카 주유 패스를 사면서 얻은 지도와 지역 정보를 일본 현지에서 바로 부쳤다.

꼭 해외 지도가 아니어도 의미는 충분했다. 수학여행 도중 도서관에 들른 하동의 어느 초등학교 아이들은 자기 동네의 지도를 보내겠노라 약속해주었다.

이렇게 모인 지도들, 기념품들, 여행지 안내문 등이 비도서 자료로 분류돼 서가 '세계지도 도서관'이 만들어졌다. 지도들은 그 나라에서 온 세계명예사서들의 목록 작업을 거쳤으며 서가 한편에서는 여행과 지도에 관한 북큐레이션을 진행했다. 이 프로젝트로 지도 800여 장, 기념품 100여 점과 함께 그만큼이나 많은 이야기들이 도착할 수 있었다.

도서관에서 프로그램을 기획하다 보면 항상 처음 예상한 것보다

훨씬 더 많은 것들이 더해져 빛을 발한다. 이용자 모두가 참여하고 다 함께 무언가를 이뤄가기에 가능한 일이다. 이 프로젝트를 하지 않았다면 서로 닿을 수 없었을 것 같은 사람들과 이야기가 지도를 통해 연결되었다. 지도를 따라 길을 걷는 자의 멋진 삶이 도서관으로 모였고 이 이야기들이 궁금해진 새 이용자들이 도서관을 찾았다. 그리고 자신도 곧 여행을 떠나게 되니 스토리텔러로 참여하겠다며 말을 건네기도 했다.

이용자들이 보내준 지도는 세계명예사서단과 함께 정리했다

## 길을 걸어온 자들을 사랑하는 시간

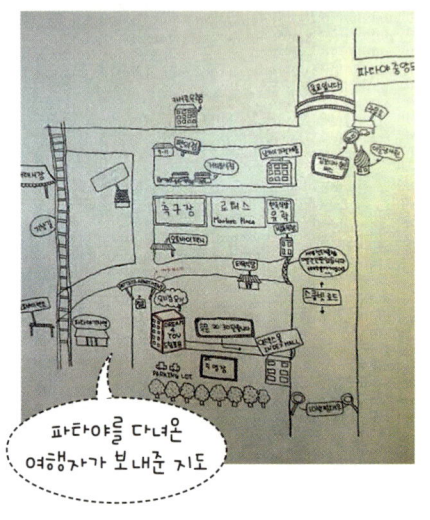

파타야를 다녀온 여행자가 보내준 지도

우리의 삶은 여러 곳을 다니며 더욱 풍요로워진다. 짧은 여행에서도 빛나는 의미를 찾기도 하고, 소중한 것을 발견해 내기도 한다. 어쨌든 길을 떠나는 자에게는 큰 용기가 필요하며 도착한 곳에서 만난 선주민의 배려가 절실하다. 길을 걸어온 자들에게 먼저 손을 내밀어보면 어떨까? 우리 모두 여행자이면서 이주민이 아닌가. 그들의 용기를 격려하고, 그들의 이야기에 귀를 기울인다면 우리의 삶도 더 다양해지고 촘촘해질 수 있을 것이다.

**세계지도 도서관 프로젝트**

여행을 가는 이용자들, 체험학습이나 수학여행 등 학교에서 교외 활동을 하는 아이들에게 손쉽게 얻을 수 있는 것이 지도다. 지도를 전시하고, 그 지도와 관련된 기증자의 여행 경험이나 추천의 글을 붙여놓는다면 함께 도서관을 만들어가는 느낌이 더해질 수 있다. 특히 십 대 아이들과는 지리나 지도에 관심 있는 친구끼리 모둠을 만들게 해 그 지역의 문화를 조사하고 공유하게 한다면 도서관에서는 값진 지도 자료뿐만 아니라 아이들과 친구인 새로운 이용자들도 얻게 될 수 있다.

❶ 지도 자료와 여행 이야기를 수집하는 기간을 정한다.
 (해외여행을 하면서 얻게 된 지도, 국내 여행지의 지도 등 모두 좋다.)
❷ 알림글을 만들어 알린다.
 ('여행자의 도서관'용 지퍼백을 따로 만들어 여행 계획이 있는 이용자들이 미리 가져가게 하면 효과 만점!)
❸ 서가에 별도 공간을 만들어 수집되는 순서대로 지도를 모아둔다.
 (지도나 그 지역의 엽서, 여행 후기 등을 가져오면 기증자와 기증일을 꼭 쓰게 하고 지도 장수마다 번호를 붙인다.)
❹ 함께 만들어갈 이용자들을 모집해 일정 기간에 수집한 자료들은 도서관마다 정한 기준에 맞춰 다 같이 분류, 정리한다.
 (해외 지도는 나라별로, 우리나라 지도는 도시별로 분류하면 무난하다.)
❺ 독특하거나 스토리가 있는 지도는 지도 서가 주변에 전시한다.
❻ 자료를 일정하게 정리하고 나면 도시별, 나라별로 여행한 이용자들과 그 지역 이야기를 듣고 싶은 이용자를 모아 여행 경험을 나누게 한다.

# 이보다 특별한 '작가와의 만남'이 있을까?

새로운 사람과의 만남은 시시때때로 일어날 수 있지만 그 만남 하나하나를 귀중히 여기지 못하는 날이 훨씬 많다. 그러나 도서관에서의 만남은 그렇지 않다. 도서관은 책을 만나고, 함께 읽는 친구를 만나고, 책을 만든 사람도 만날 수 있으며 때로는 우리 삶이 책이 되는 기적을 만나는 곳이기도 하다. 놀랍게도 이 귀한 일들이 한꺼번에 찾아오는 시간이 있었다. 바로 작가와의 만남이다.

### 그림책 콘서트가 열리던 날

길 가는 누구라도 노랫소리를 따라가다 보면 우리 도서관에 도착하게 될 것 같은 날이었다. 그날은 내가 도서관에서 가장 행복했던 하루 중 하나로 기억한다. 처음으로 그림책 콘서트가 열렸을 때였다. '착한밴드 이든'이 고정순 작가의 『최고 멋진 날』을 노래로 만들어 전국의 문화소외지역을 다니며 여는 북콘서트 기회를 운 좋게 잡은 덕분이었다.

우리 도서관으로 내려오는 계단 저 멀리부터 음악 소리가 울려 퍼졌다. 도서관 앞에서 장기를 두던 할아버지도, 친구들과 근처에 놀러 온 외국인 노동자들도 낯설어하지 않고 자연스레 문을 열고 들어왔다. 그림책이 들려주는 이야기에 함께 웃고, 함께 눈물지으면서 우리들 마음속에 비슷한 질문이 피어오르고 있었다. 『최고 멋진 날』의 할아버지와 할아버지가 기르던 토끼 이야기를 그림책으로 길어 올린 작가가 누구인지 궁금해지기 시작한 것이다.

특히 아이들 반응이 놀라웠다. 한글 읽기가 서툴러 엄마 손에 끌려오다시피 도서관에 오던 지수는 『최고 멋진 날』을 그린 작가의 다른 작품, 『엄마 왜 안 와』와 『슈퍼 고양이』를 희망 도서로 신청했다. 밴드 이든의 노래를 듣고 토깽이가 하늘나라로 가는 부분에서 울음을 터뜨린 다희는 아직도 그 토깽이가 잘 지내고 있는지 물어본다. 이럴 때 우리는 그 책을 쓴 작가를 꼭 만나보아야 한다.

## 기꺼이 마음을 꺼내 보인 시간

작가와의 만남은 도서관 프로그램 중 사서와 이용자 모두 쉽게 떠올릴 수 있는 행사이다. 우리 도서관에서도 작가님들을 초청해 이야기를 나눈 적이 있다. 2019년 6월, 그날이 더 특별하게 느껴진 이유는 우연한 기회가 이 만남의 계기를 마련했고 이 만남이, 곧 이야기할 또 다른 멋진 기회로 우리를 이끌었기 때문이다.

도서관 인기 도서가 된 『최고 멋진 날』을 쓰고 그린 고정순 작가는 우리의 초대에 흔쾌히 응해주었다. 한두 명씩 작가의 책을 빌리러 오고, 책에 대한 이야기가 오가면서 동아리 모임 때 감상을 미리 나누자는 의견이 나왔다. 작가와의 만남 일주일 전, 고정순 작가의 또 다른 작품인 그림책 『우리 여기 있어요, 동물원』과 에세이 『안녕하다』를 들고 도서관에 모였다. 회원 가운데 한 사람이 『우리 여기 있어요, 동물원』을 읽고 느낀 점을 말했다.

"그림책 속 동물들의 표정이 꼭 우리 표정 같았어요."

평소 감정을 쉽게 내보이지 않았던 사람들도 마음속 이야기들을 꺼내기 시작했다. 결혼이주민으로 힘들었던 삶의 순간들도 자연스럽게 내비쳤다. 그림책에 밝은 내용만 담았으면 좋겠다는 의견도 나왔다. 자신은 힘들지만 우리 아이들은 밝은 글만 읽기를 바라는 엄마의 마음이 전해졌다.

책 속 나만의 명장면을 펼쳐 작가와 함께 찰칵!

그러나 작가와의 만남 당일, 우리는 달리 생각하게 되었다. 고정순 작가는 함박 웃는 얼굴로 자신이 아팠던 이야기, 가난해서 꿈을 꾸기도 힘들었던 시절의 이야기를 담담하게 전해주었다. 『우리 여기 있어요, 동물원』에는 돈을 벌기 위해 동물원에서 일했던 때의 경험이 녹아들었다는 비하인드 스토리도 들려주었다.

사람들은 고정순 작가의 이야기를 들으면서 자신들의 고됨이 꼭 이주민이어서 비롯된 건 아니라는 생각을 하게 되었다고 했다. 누구에게나, 산다는 것은 주어진 어려움을 헤쳐나가며 그 속에서 행복이란 보석을 찾는 일이라고 서로의 어깨를 토닥였다. 그날 도서관에서 만난 사람들은 책에서 걸어 나온 작가를 만나며 깊은 위안을 받았다. 독서동아리에서 같은 책을 읽고 다른 감상을 나누는 일도 의미 있지만 그 감상을 작가와 직접 공유하는 자리는 더 특별한 의미가 있다. 내가 생각한 책의 의도와 작가의 의도가 다르다면 나의 관점을 전환할 수도 있고, 작가 또한 우리처럼 하루하루 최선을 다해 살아가는 존재임을 알고 동질감을 느낄 수도 있다. 도서관에서 작가를 초대하고, 작가 또한 그 만남에 선뜻 응하는 이유는 여기에서 찾을 수 있지 않을까?

## 초청 작가와 그림책 작업을?

이제 앞에서 언급한 고정순 작가와 우리 도서관의 '또 다른 멋진 기회'를 이야기할 차례다. 2018년에 독서동아리 회원인 율리아가 좋은 사람을 만나 결혼을 했다. 우리 동아리 회원 스무 명 모두가 결혼식에 참석해 축하해주었다. 나는 태어나서 처음으로 축사를 읽는 경험을 했다. 율리아의 결혼식은 세계 여느 왕비의 결혼식보다 더욱 멋지게 느껴졌는데, 이 경험을 가지고 동아리 사람들과 논의하여 그림책 하나를 내보기로 했다. 그 그림책에 고정순 작가가 그림을 그려주기로 한 것이다. 작가와의 만남 프로그램은 어쩌면 한

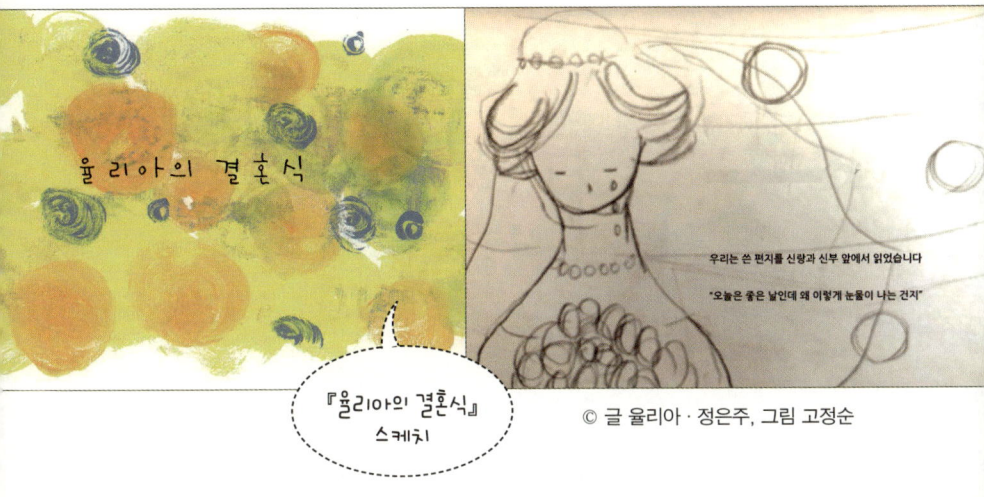

© 글 율리아·정은주, 그림 고정순

번 스치는 작은 연결고리일 수 있지만 우리가 손을 내밀면 함께 또 다른 페이지를 쓸 수 있다. 고정순 작가님, 허율리아 작가님, 『율리아의 결혼식』 기대하고 있겠습니다!

# 작품 '보는' 사람에서 '만드는' 사람으로

내가 쓴 이야기가 우리 동네 도서관에 소장되어 있다면…….
우리 고향의 이야기를 직접 번역하여 도서관에 오는 아이들에게 들려줄 수 있다면…….
함께 만든 영화가 도서관 영화제에서 상영된다면…….
어떻게 이 도서관을 사랑하지 않을 수 있을까? 도서관에 오는 사람들이 또 다른 창작자가 되고, 그들의 작품이 다시 도서관으로 와 또 다른 이용자를 만나는 신나는 도서관! 우리는 그런 도서관을 꿈꾼다.

## 다른 듯 닮은 각국의 전래동화

2014년, 우리 도서관은 출신국을 구분하여 6개 독서자조모임을 꾸렸다. 그중 캄보디아와 인도네시아 독서모임이 가장 활발하게 운영되었다. 특히 인도네시아에서 온 이주노동자들은 주로, 군산, 목포, 남해 등 바닷가에서 일을 많이 했는데, 쉬는 주말이면 5시간씩 버스를 타고 와서 2시간 동안 프로그램에 참여하고, 다시 버스를 타고 일터로 돌아갈 정도로 모임에 대한 애정이 깊었다.

인도네시아 독서모임은 우리나라 전래동화를 주제로 진행하고 싶다고 하여, 주로 『해님 달님』, 『금도끼 은도끼』, 『토끼와 거북이』 등을 같이 소리 내어 읽고 이야기를 나누었다. 이 활동은 한국어를 익힐 수 있어서인지 인기가 높았다.

『콩쥐 팥쥐』를 읽던 날이었다. 콩쥐가 계모에게 구박을 받고 두꺼비의 도움을 받아 커다란 독에다 물을 채운 후 동네 잔치에 가는 부분에서 한 사람이 이야기했다.

"우리나라에도 『콩쥐 팥쥐』와 비슷한 이야기가 있어요!"

인도네시아 전래 동화와 비교하면 우리나라 동화는 계모의 딸이 언니이고 구박하는 부분이 조금 다를 뿐, 착한 이가 나중에 복을 받고 억울함을 푼다는 내용은 같았다. 재미있는 점은, 같은 인도네시아에서도 사는 지역에 따라 동화 내용이 조금씩 다르다는 사실이었다. 『콩쥐 팥쥐』와 닮은꼴인 각자의 지역 버전을 이야기하다 보니 남은 시간이 뚝딱 지나갔다. 참여자들은 다음 독서모임까지 어떻게 기다리냐며 많이 아쉬워하였다. 그러면서 한국에도 비슷한 이야기가 있다는 것을 인도네시아 아이들에게도 알려주고 싶다고 했다. 당장 다음 모임부터는 『콩쥐 팥쥐』를 인도네시아 말로 번역해보기로 했다.

## 좌충우돌 『콩쥐 팥쥐』 번역기

여러 사람이 모여 어떤 이야기를 함께 번역한다는 것은 책을 읽고 이야기를 나누는 것과는 근본적으로 다른 문제였다. 한마디로 대단히 힘겨운 과정이었다! 먼저 한국어를 직역할지, 아니면 의역을 할지부터 의견이 분분했다. 참여자 대부분이 자국에서 문학을 거의 읽어보지 않았고 어릴 때부터 할머니와 어머니에게서, 동네 어른들에게서 많은 이야기만 듣고 자란 사람들이었다. 그래서인지 특정한 문장 하나로도 많은 의견이 쏟아졌다. 게다가 참여자들이 우리말을 구사하는 정도도 천차만별이었다. 일하는 데 필요한 몇 마디 언어만 아는 사람부터 전라도 사투리를 무난하게 사용할 정도로 말을 잘하는 사람까지 있어서, 어떤 기준으로 이야기를 전해야 할지 가늠하기 힘들었다. 무엇보다도 『콩쥐 팥쥐』 내용을 알려주기 위해 나는 온갖 손짓 발짓과 상황극을 방불케 하는 재연을 해야 했고, 서툰 영어로 설명하는가 하면, 강사와 논의해도 해결할 수 없는 표현은 바로 인도네시아에서 온 엄마들과 전화로 연결하여 도움을 받기도 했다. 이 모임은 매 순간 발전을 거듭하였다.

## 인도네시아어판 『콩쥐팥쥐』, 안산에서 자카르타까지!

북콘서트를 열어 인도네시아어로 번역한 『콩쥐 팥쥐』를 낭독하기로 하면서, 2주일에 한 번 모이던 일정을 늘려 주말마다 만나게 되었다. 가을에 접어들며 이주노동자들은 점점 더 바빠져서, 휴일에도 일을 하는 경우가 많았고 그만큼 모두 모이기도 힘들었다. 하지만 번역에 대한 열정은 갈수록 불타올라서 북콘서트 일주일 전에 무사히 마무리할 수 있었다.

북콘서트 하루 전날, 한글 문서로 편집을 끝내고 70부씩 프린트를 했다. 참여자에게는 세 부씩, 관객들에게는 한 부씩 나누어 주었다. A4 용지를 반으로 접은 크기의 소박한 번역책을 손에 든 순간, 이제까지 함께한 과정이 단번에 떠올라 눈시울이 뜨거워졌다. 이 느낌을 나만 받지는 않았을 것이다.

북콘서트에 온 사람들은 일을 하면서 번역까지 해냈냐며, 이웃들에게 응원의 박수를 보냈다. 번역물을 모국어로 낭독하던 이주노동자 수완디의 목

고생 끝에 완성한 『콩쥐팥쥐』 번역본

소리는 어느 때보다 또렷하고 자신감이 넘쳐 보였다. 수완디는 그 다음 해 가을에 자기 나라로 돌아갔다. 돌아가기 전 마지막 일요일, 인사를 나누러 몇몇 친구들과 도서관에 왔다. 그는 캐리어 앞에서 비닐로 고이 싼 『콩쥐 팥쥐』 인도네시아 번역본을 꺼내 나에게 보여 주고는 인도네시아에 가서 아이들에게 아빠가 했다며 자랑할 거라고 했다. 열심히 일한 기억과 함께 한국에서 즐거운 추억을 만들어 줘 고맙다는 인사도 빠뜨리지 않았다. 몇 년이 지났지만 그 순간은 어제 일처럼 참으로 생생하다.

### 우리는 모두 뛰어난 창작자

그림 그리기를 좋아하고 웹툰 읽기를 즐겨 하는 청년 이용자가 우리 도서관 일상을 웹툰으로 그린 일도 있었다. '크로스미디어 라이브러리'에 참여한 이주노동자는 자기 모습을 영상으로 만들고, 영화제에서 상영한 경험을 한국에서 해본 것 중 가장 보람된 일이라고 했다. 3년 동안 도서관에서 진행한 크로스미디어 영상 20편을 CD로 제작해 도서관에서 소장했고, 이용자들이 언제나 볼 수 있도록 정리했다. 도서관 영상 동아리 멤버들 몇몇은 〈원곡동의 맛집 안내 TV〉를 만들어 유튜브에서 방송 중이다.

도서관에 오는 아이들이 '도서관 일기'에 긁적여 놓은 귀여운 그림

들은 이를 예쁘게 본 대학생에 의해 도서관 이모티콘으로 탄생하였다. 카카오톡 이모티콘에 당당히 도전장을 내밀었으나, 선정되지 못했다는 통보를 받았다. 그러나 어떠랴. 그 이모티콘들은 우리 도서관 포스터에 빠지지 않고 등장하고, 도서관에 오는 모든 사람들에게 사랑받는 중이다.

세계명예사서인 렉가나가 쓰고, 내가 정리한 캄보디아 전래동화 『구렁이 독은 왜 없어졌을까』가 다른 글들과 함께 한국어판으로 나오기도 했다. 율리아와 내가 쓰고, 고정순 작가가 그림을 그리기로 한 『율리아의 결혼식』도 출간을 기다리고 있다. 생각만 해도 신나는 일이 가득이다.

화려하지는 않아도, 우리는 우리의 창작물

을 사랑한다. '우리 도서관의, 우리 도서관에 의한, 우리 도서관을 위한' 자료가 되어 그 의미가 더욱 확장되고 역사성을 띤다.

도서관에서는 이용자들이 누구나 자신이 잘하는 것을 발견하도록 지원하고 부담없이 자기 콘텐츠를 만들게끔 응원하기만 하면 된다. 그 울타리 안에서 이용자들이 저마다의 감성을 아낌없이 표현하며 창작력을 발휘한다면 도서관은 세상에서 가장 귀중한 자료 소장의 기회를 갖게 될 테니까.

**사서의 밑줄 2**

# 다른 나라 책을 구하기 어렵다고요?

다문화도서관에서 많이 듣는 질문 중 하나가 책을 어떻게 사느냐 하는 것이다. 실제로 도서관에서 갑자기 다문화 관련 업무를 맡게 되었다는 담당자의 급한 전화를 꽤 많이 받았다. 앞에서 이야기한 것처럼, 다른 나라 도서 유통망도 우리나라처럼 잘되어 있으리라 생각하고 수서를 시작하면 시간과 노력을 국내서 수서 때보다 몇 배로 들이면서 결과는 좋지 않을 가능성이 높다. 설사 유통망이 잘 갖추어져 있다 하더라도 각 언어의 한계를 넘어 좋은 책을 골라내기란 쉽지 않다. 그리고 정작 도서관에 책을 읽으러 오는 사람들이 읽고 싶은 책을 갖추어놓기는 더욱 힘들다.

### 내용도 모르는 책을 구매한다고?

다문화작은도서관에서 일을 처음 시작했을 때 제일 먼저 전 담당자에게 원서를 어떻게 구입하는지 물었다. 그때까지만 해도 국외도서를 수입해서 국내에 유통하는 벤더들에게 어느 나라 책을 구입할지, 예산은 얼마인지 이야기하면 그 책들이 알아서 도서관에 들어왔다고 했다.

"중국, 베트남, 태국, 인도네시아 책, 골고루 500만 원치요, 2010년 이후 출판된 책으로요."

이런 식으로 말이다. 수서 초기에는 두루뭉술한 요청을 할 수밖에 없었다. 들어온 책을 받았을 때 나는 충격에 잠시 멍해졌다. 벤더들이 나름 고르고 골라서 보내준 책들은 우리가 보통 보아왔던 책들이 아니었다. 책은 얇고 활자는 선명하지 않았으며, 복사본이 아닌지 의심스러울 정도로 모양이 빠지는 책도 있었다. 게다가 가격은 국내서의 3배가 넘었다. 더 속상했던 것은, 장서에 대한 평가는 고사하고 이렇게 들어온 책들이 어떤 내용인지조차 알 수 없었다는 점이었다.

이미 들어온 책들을 돌려보낼 순 없었다. 종이나 활자의 상태가 우리나라에서 출판된 책처럼 반듯하진 못해도 그 나라에서는 많이 읽는 책이라고 하였다. 책을 수입해서 제공하는 유통사들이 현장에 있는 사서보다 더 전문적이라고 할 수 있었다. 각 나라의 언어를 쓰는 사람들이 있었고 어쨌든 그 많은 책들 중에 고르고 고른 책들을 들여오니 말이다.

**책친구들과 함께 장서 열공!**

이 책들이 어떤 내용인지를 알아야 도서관에 오는 사람들에게 권할 수 있겠다는 생각이 들었다. 새로 들어온 책부터 서가에 나라별로 꽂고 한 권씩 보기 시작하였다. 물론 영미서적을 제외하고는 제목조차 읽을 수 없는 책이 대부분이었다.

먼저, 친숙해진 이용자들에게 도움을 요청하였다. 이용자들은 자국 언어로 된 책 제목을 또박또박 읽고 서문, 출판사, 저자에 대한 정보를 찾아 열심히 알려주었다. 간단한 메모를 하고 그들에게 어떤 사람들이 읽으면 좋겠냐고 묻기도 했다. 우리 도서관에서 일한 지 얼마 안 됐을 때는 방문자가 많지 않아 몇몇 이용자들과 많은 이야기를 나눌 수 있는 시간이 있어 다행이었다. 어떤 사람들은 내가 묻는 책들을 빌려 가 다 읽고 와서 내용을 알려주고, 이 책을 읽으면 좋을 사람들을 귀띔하기도 하였다. 실제 이 책들은 해당 국가 이용자가 도서관에 왔을 때 바로 권하곤 했는데 그럴 때면 깜짝 놀라는 사람들이 많았다.
"선생님, 우리나라 말 알아요? 이 책 내용, 어떻게 알아요?"
자신의 나라에서 온 누군가가 추천했다고 하면 열이면 열, 그 책을 빌려 간다. 지금 도서관의 열렬한 팬이 된 사람들 중에는 그때 한 권 한 권씩 권한 책들을 읽고 나눈 사람들이 많다.

### 세계명예사서단의 놀라운 활약

그다음 내가 한 일은 세계명예사서단을 조직하는 것이었다. 2016년 4월, 11개국 열네 명으로 시작한 세계명예사서단은 2019년에 14개국 스물세 명으로 규모가 커졌고, 장서와 프로그램 기획 등의 운영을 책임지는 최고의 핵심 조직이 되었다. 수서를 하기 위해서 벤더들에게 도서 리스트를 받는 일은 변함없이 진행했지만 수서할 도서의 서너 배쯤 받아 보고 세계명예사서들에게 그 리스트 안에서 책을 선정하도록 하였다. 각 나라의 대표가 된 명예사서들은 이 일을 정말 열심히 해주었다.
여기에는 일정한 기준이 있었다. 출판된 지 오래된 책, 출판사가 불분명한 책은 제외했다. 물론 명예사서들이 고국에 있을 때 즐겨 읽던 책이나 알고 있던 출판사 책에는 믿음이 있었다. 지은이가 누구인지도 매우 중요한 요소였다. 그래도 처음 보는 책들은 인터넷에서 찾아 내용과 서지 사항을 확인하였다. 명예사서들은 책이 도서관에 들어오고 나서도 계속 애써주었다. 입수 확인도 같이 하고, 낯선 글자로 된 책과 씨름하는 나를 도와 출신국 사람들에게 적극적으로 책들을 홍보하기도 했다.

명예사서들이 선정해 도서관에 들어온 책들이 훨씬 많이 이용되는 것을 느낄 수 있었지만 객관적인 확인이 필요하다는 생각이 들었다. 그래서 이 책들에는 색이 있는 메모지를 꽂아 이용자들이 책을 읽을 때마다 표시를 하도록 안내했다. 물론 도서관에 없던 책들이어서 이용이 더 많았던 이유도 있었겠지만, 기존 도서 이용률의 열 배를 뛰어넘는다는 사실은 정말 대단한 일이었다. 명예사서들에게 이를 이야기하면 무척 자랑스럽게 생각하였다. 주위 사람들의 손을 이끌고 도서관에 오고, 자신이 선정한 책들을 추천하는 모습을 어렵지 않게 목격할 수 있었다.

장서 개발 초기에는 도서관에 오는 사람들 한 명 한 명에게 읽고 싶은 책들을 써달라고 열심히 요청했다. 첫 달에 모인 열 권 정도의 희망도서를 유통 업체에게 구해달라고 했는데, 한 달이 지나도 답이 없었다. 결국 6개월째 되는 어느 날, 희망도서 중 한 권도 구하기 힘들다는 메일을 받았다. 그때 알게 된 것이다. 외국 원서의 수서는 결코 쉽지 않은 일이라는 것을.

지금은 그때보다 상황이 많이 나아졌다. 홈페이지를 통해 외국 원서를 검색하여 수서 목록을 작성할 수 있게 해놓은 유통사도 생겼다. 그곳에서 희망도서도 한 달 안에 받아 볼 수 있는 유통망을 갖추게 되었다는 소식도 들었다. 인터넷에서 '다문화 원서 구입'이라는 키워드를 검색하면 많은 정보가 나오는데 원서에 대한 정보를 제공하고 희망도서를 검색할수 있는 곳이라면 이용해도 좋겠다.

이제 이용자들이 읽고 싶은 책들에 관해 많이 듣고, 서가에 꽂고, 함께 책 이야기를 나누는 일만 남았다.

# 그래서 우리는 친구입니다

• •

도서관에서는 책을 읽을 수 있어 좋기도 하지만

이야기를 나눌 사람들이 있어 좋다는 말을 많이 들었다.

이곳에서 만난 사람들은 믿을 수 있다고 했다.

우리는 도서관에서 이웃으로, 친구로,

관계의 폭과 깊이를 점점 확장해나갔다.

# 오직 한 사람만을 위한 도서관

우리 주위에는 책을 안 읽는 사람도 많지만 책을 많이 읽는 사람도 꽤 있다. 나는 사람들과 이야기를 나누면서 두 부류의 차이점을 발견할 수 있었다. '한 번이라도 책 읽는 즐거움을 느낀 적이 있는가? 없는가?'라는 점이다. 이 사실은 '어떻게 하면 더 많은 사람이 책을 좋아할 수 있을까?' 하는 고민에 작은 실마리를 던져주었다. 천 리 길도 한 걸음부터라고, 일단은 한 명의 새로운 이용자를 찾는 일을 먼저 시작해보기로 했다.

오롯이 한 사람에게, 한 번의 즐거운 독서 경험을 선물하기 위해 도서관 사람들이 힘을 뭉쳤다. 책을 읽고 싶으나 어떤 책부터 시작해야 할지 막막한 사람, 책장을 넘기면서도 그 즐거움을 모르는 사람을 초대하기로 한 것이다. 그 사람이 도서관에 들어서는 순간 도서관 사람들 모두가 마음을 다해 환대하고, 그의 이야기를 귀담아듣고, 그가 책을 사랑하게 하는 공간을 함께 만드는 중이다.

## 한 번이라도 독서의 재미를 느꼈다면!

'다다다 새싹 독서동아리', '날개달린 도서관', '책놀깜놀 고려인 어린이 독서교실' 등 다양한 프로그램을 진행하면서 느낀 점이 있다. 참여자 중 꼭 몇 사람은 "어? 책을 읽으니 재미있네."라는 반응을 보인다는 것이다. 그중 몇몇은 프로그램이 끝난 후 도서관에 와서 책을 추천해 달라거나, 책을 대출하기도 하면서 도서관 이용자가 된다. 독서의 마법에 빠진 사람들은 능동적으로 도서관을 찾는다. 나 또한 중학생이 되기 전에는 책을 손에서 놓지 않았던 열혈 독자였지만 그 뒤 독서의 즐거움을 잃게 되면서, 책을 다시 가까이하기까지 10년 정도가 걸렸다. 대학에서 한국사 수업 과제로 『태백산맥』을 읽게 되었는데 이 한 번의 경험이 나에게 다시금 독서의 재미를 일깨워주었다. 사회인이 되면서 다시 책과 멀어졌지만 이후 소설 『연을 쫓는 아이』를 만나면서 다시 열혈 독자가 되었다. 책과 멀어져 있어도 '한 번의 즐거운 독서 경험'이 한 사람의 인생을 바꿀 수도 있다는 생각은 내 경험에서 비롯된 것이다. 나는 '아직 독서 경험이 없는 한 사람, 한 사람이 어떻게 책 읽는 즐거움을 알 수 있을까?' 하고 이런저런 방법을 궁리해보았다.

## 우리 노마가 달라졌어요

우리 도서관 가까이에 고려인들이 많이 사는 마을이 있어서인지 매주 고려인 아이들이 책을 읽으러 도서관에 온다. 타샤나 빅토리아처럼 원래 책을 좋아하고 책 속 주인공 그리기를 좋아하는 아이들이 있는 반면에 끼릴이나 노마처럼 그저 친구들을 따라 도서관에 오는 아이들도 있다. 이 아이들은 책 읽기에 집중하기보다는, 서가 사이에 있는 새로운 장식품, 물구나무서기를 한 곰 인형 등에 더 관심을 가지고 또래들과 장난치기에 바쁘다. 그래서 생각했다.
'이 아이들부터 한 명씩 그림책 읽는 재미를 알게 해보자.'
먼저 개구쟁이 노마를 도서관이 가장 한가한 수요일 오후 5시에 초대했다. 미리 학교 선생님과 부모님에게도 이 사실을 알렸다. 도서관에 가면 재미있는 일이 있을 것이라는 엄마와 선생님의 이야기를 들은 노마는 5시가 채 되기 전에 도서관으로 달려왔다.
노마와 함께 사서인 나, 우즈베키스탄에서 온 율리아 선생님, 청소년 봉사단 인영이, 독서동아리 형이 테이블에 둘러앉았다.
노마는 말 그대로 눈이 동그래졌다.
전날, 우리는 어떤 책을 함께 읽을지, 각자 어떤 역할을 할 것인지

책을 좋아하게 된 노마

미리 이야기해 두었다. 노마가 평소 사탕을 좋아하므로 백희나 작가의 『알사탕』으로 책을 정했고, 내가 한 줄씩 읽으면 그 부분을 율리아 선생님이 노마에게 익숙한 러시아어로 통역하기로 했다. 청소년 봉사자는 사물들의 목소리를, 독서동아리 형은 아빠의 잔소리 부분을 맡았다. 어린이 한 명을 위해 도서관 사람이 네 명이나 모여 책을 읽어주는 게 바로 우리의 계획이었다. 이날 도서관은 오롯이 노마를 위한 공간이 되었다. 사실은 노마뿐만 아니라 우리들도 그림책 한 권과 한 어린이에 오롯이 집중할 수 있는 의미 있는 시간이었다.

"형과 누나, 도서관 선생님들이 나를 위해 책을 읽어주고, 제 질문을 하나도 놓치지 않고 다 대답해줘서 너무 좋아요!"
책 읽기가 끝나고 율리아 선생님이 한국어로 통역해준 노마의 소감이다.
그 뒤로 노마는 도서관에 올 때마다 『알사탕』을 찾아 다시 읽었고, 백희나 작가의 다른 책도 읽어달라고 했다. 글밥이 꽤 많은 러시아 동화책도 읽기 시작했다. 무엇보다 책을 소리 내어 읽거나 질문 할 때 목소리가 커졌다. 나도 이렇게 말하고 싶다.
"여기! 책 읽는 즐거움을 아는 아이 한 명 추가요!"

## 한 살배기 아이도, 할아버지도 함께하는 프로젝트

중국에서 온 지 얼마 안 된 엄마가 한 살이 된 아기 이름으로 프로그램을 신청했다. 시작에 앞서 나는 말도 못하는 아이에게 한국어와 중국어로 그림책을 읽어준들 무슨 소용이 있을까 싶었다.
그러나 의외의 결과가 기다리고 있었다. 그날 나를 포함하여 함께 책을 읽어준 사람들이 새로운 그림책을 발견하게 되었고, 아기의 엄마도 완전히 집중하여 함께 책을 읽게 되었으며, 엄마와 아이는 일주일에 한 번씩 아빠와 함께 도서관을 찾는 가족 이용자가 되었다.
이런 일도 있었다. 할아버지 한 분이 친구를 위해 프로그램을 신청

한 것이다. 당신은 책을 많이 읽는 사람이지만 친구는 그렇지 않아서 책을 읽어주고 싶다고 했다. 실제로도 친구 할아버지는 도서관에 매일 오지만, 책은 읽으신 적은 없다. 아침마다 도서관에 일찍 와 신문과 주간지를 보고, 다른 할아버지들과 이야기 몇 마디 나누고는 다시 도서관을 나서는 분이었다.

당장 '한 할아버지를 위한 도서관' 프로젝트가 가동되었다. 신청자 할아버지의 낭독을 들을 친구, 영달 할아버지가 집에서 기르는 강아지 이야기를 여러 번 하신 일이 떠올라 안녕달 작가의 『메리』를 함께 읽기로 했다. 우리 도서관의 일등 이용자이신 할아버지 두 분께 부탁드려 신청자 할아버지와 나까지 네 사람이 모였다.

이번에는 책을 읽어주는 세 분 할아버지의 변화가 놀라웠다. '영달 할아버지' 프로젝트 2주 전부터 하루도 빠짐없이 『메리』를 읽으시는 것이었다.

"읽을 때 틀리면 어떡해! 친구도 보는데."

사투리도 연습하시며 열심히 하는 모습에 빙그레 웃음이 절로 나왔다. 책이 재미있다고 작가의 다른 책들도 찾으시길래 『할머니의 여름휴가』도 소개했다. 그러자 "할매가 수영복을 입는다고? 이건 좀 안 맞는 거 같아."라고 솔직한 이야기를 꺼내기도 하셨다.

프로그램이 열리는 수요일, 친구 할아버지는 "내가 애들도 아닌데 웬 그림책이냐."라고 토라져서 처음에는 똑바로 앉으시지도 않

성공적으로 마무리된
영달 할아버지 프로젝트

았다. 할아버지 세 분과 내가 정성을 다해 읽자 그제야 못 이기는 척 들으셨고, 할머니가 밥상을 들고 나오는 부분에서는 "나도 그랬어."라고 하시며 고개를 끄덕이셨다. "생각보다 재미있지?"라고 묻는 신청자 할아버지에겐 이렇게 소감을 남기셨다.
"그래도 나는 애가 아니니깐, 다음에는 이야기책이나 읽어줘."
그 뒤로 우리 도서관에서는 영달 할아버지가 중국 소설 읽으시는 모습을 자주 볼 수 있었다.

말을 물가에 데려갈 수 있지만, 물을 먹일 수는 없다는 속담은 우리 도서관에서만큼은 틀린 이야기다. 우리는 그들이 스스로 물을 마실 수 있게 만들 수 있다. 한 번의 즐거운 책 읽기 경험! 어려울 수 있지만 누구나 할 수 있는 기적의 마중물이다.

> **TIP** '한 사람을 위한 도서관' 열기
>
> ❶ 도서관에서 가장 한가한 시간, 도서관 공간 중 여유 있는 곳을 한 사람을 위한 도서관으로 지정한다.
> ❷ 프로젝트 진행일과 책 읽을 사람, 팀을 일주일 전까지 신청 받는다.
>   (이때, 정해진 시간에 도서관은 신청자 한 명 또는 한 팀만이 사용할 수 있다.)
> ❸ 신청자의 요구 사항을 확인하여 최대한 지원한다.
>   (책을 읽어달라거나, 책을 추천해달라는 등의 요청을 확인하여 낭독 팀을 꾸리거나 관련 도서목록을 작성한다.)
> ❹ 기록은 최소한으로 남기고 비밀을 보장하는 것이 중요!

# 모두에게
# '똑같이 새로운' 언어

언어를 배운다는 것은 그 언어가 속한 새로운 세계를 만나는 일이고 그 세계를 알아가겠다는 의지가 있는 일이며 결국 그 세계를 사랑하겠다는 약속을 뜻하는 일 아닐까?

2017년 겨울, 촛불집회에 다녀온 한 이용자가 수화를 곁들인 공연이 인상적이었다며 이야기했다.

"우리도 수화를 배워 함께 노래하면 어때요? 수화는 우리 모두가 처음 배우는 또 하나의 언어잖아요. 의미 있을 것 같아요."

이 이야기는 현실이 되어 2018년 6월부터 도서관에서 수화 기본 강의와 '수어 합창단' 활동이 시작되었다. 다양한 언어, 다양한 문화적 배경을 가진 사람들이 또다시 새로운 언어를 배우고 함께 노래하기 위해 삼삼오오 도서관에 모였다.

## 우리 모두가 처음 배우는 말

한국에서 많은 도서관 프로그램에 참여해본 사람들도 수화에 관해서는 잘 모르는 눈치였다. 프로그램을 기획하는 나 또한 몇 해 전에 읽었던 『데프 보이스』라는, 수화 통역을 소재로 한 소설을 통해 나라와 문화마다 수화가 다르다는 정도만 알고 있었다.

수화가 무엇일까 궁금해하는 사람들, 스스로 주체가 되어 도서관에 오기 힘든 사람들에게 먼저 손 내밀 기회를 기다리던 이주민들이 참여 의사를 알려왔다. 그동안 낮 시간 프로그램에 참여 못 해 아쉬워하던 이용자들이 여건상 저녁에 진행할 수밖에 없던 수화 교육을 신청하기도 했다. 하루 만에 접수가 마감되었다.

도서관에서 기획하는 프로그램 가운데 처음으로 참가자를 먼저 모집하고 강사를 구하게 되었다. 먼저 수화 관련 단체를 알아봤고, 수화 관련 활동을 한 주변 사람들에게 일일이 연락을 해서 좋은 강사를 추천해달라고 했다. 여러 출신국 이용자들이 한 모임을 이루는 우리 도서관에 대한 이해가 있어야 하고, 10주간의 수화 기본 교육 후 동아리를 만들어 지역사회에서 활동할 때에도 멘토가 되어 줄 수 있는 강사가 필요했다.

정중하거나 냉정한 거절을 열 번쯤 당했다. 교육 대상자가 이주민이라는 점도 부담이고, 수화는 1년 이상의 장기적인 교육이 필요한

데 10주 교육으로는 아무 의미 없다는 이야기도 들었다. 기획 단계부터 시간적, 재정적 한계를 분명히 알고 있었기에 굳건히 마음을 다잡고 있던 터였지만, 강사님 모셔오기가 이렇게 힘들기는 처음이었다. 그러나 나를 포함한 도서관 활동가들까지, 만나는 사람마다 수소문한 결과, 성과가 있었다.
"우리 대학교 교양 과목으로 수화 강좌가 있어요!"
나는 당장 해당 대학교에 전화를 했고 강사님의 연락을 기다렸다. 강사님은 안산에서 활동할 계획이라면 그 지역 수화 통역사에게 배우는 쪽이 여러모로 좋을 것 같다고, 맞춤한 강사의 전화번호를 알려주었다. 멋있는 사람 옆에는 역시 멋있는 사람이 있는 법! 그리하여 우리는 강사 초빙까지 완료했다. 이제 즐겁게 수화만 배우면 된다.

## 수어, 소중한 우리의 언어

"수화도 하나의 공식적인 언어이기에 앞으로 우리는 수어라고 부르도록 해요."
첫 수업 시간에 처음으로 배운 내용이다. 여러 프로그램을 진행해 봤지만 이렇게 많이 알아가는 프로그램은 처음이었다. 수어가 손으로만 표현하는 형태가 아니라, 온몸으로 의사를 전달하는 언어라는 사실도 처음 알았다. 표현 하나하나가 의미를 담고 있어 손짓, 몸짓, 표정 하나에 정성을 다해야 한다는 사실도 마음에 새기게 되었다.

또한 청각장애인들이 자신의 말을 밖으로 표현하기 위해 얼마나 많은 노력을 해야 하는지, 그들의 이야기를 우리가 얼마나 꼼꼼히 살펴보아야 하는지도 깨달았다. 우리의 언어 하나하나가 이렇게 소중한 의미를 담고 있는데, 입으로 꺼내기 쉽다고 말의 중요성을 잊고 있지 않았나 하는 반성의 시간도 가졌다.

"제가 한국어도 잘하지 못하는데, 배우는 게 가능할까요?"
인도네시아에서 온 수산티의 걱정은 혼자만의 것이 아니었다. 수화는 우리 모두에게 '똑같이' 생소한 언어였기에 함께 마음을 다잡고 시작할 수 있었다. 막상 프로그램이 시작되고 나니 수산티가 가장 많은 칭찬을 받았다. 숨겨진 재능을 발견했다고나 할까!

처음에는 자기소개 내용과 가족을 가리키는 말을 배웠다. '좋다', '나쁘다', '다르다'는 표현도 함께 익혔다. 하나의 표현들이 제각각 의미를 담고 있어 놀라기도 하고 '아하, 그런 뜻이었구나!' 하고 격하게 수긍하기도 했다.

나라를 가리키는 수어가 참 재미있었다. 우리나라는 예전에 갓을 썼기 때문에 오른손을 위아래로 두 번 거수경례하듯이 하면 한국이란 뜻이다. 우리가 가장 재미있게 생각했던 수어는 '없다'는 표현이었다. '없다'를 표현할 때에는 검지와 중지를 펼쳐서 턱 밑에 비스듬하게 갖다 댔는데, 시험에서 빵점을 맞았을 때를 비유한 동작이다. 얼굴은 '0'을, 손가락 두 개는 시험지에서 점수라는 의미로 숫자 아래에 긋는 줄 두 개를 의미한다.

## 가사를 몰라도 같이 노래할 수 있다

강사님은 우리들의 실력에 깜짝 놀랐다. 참여자들 스스로가 교육 내용을 영상으로 기록하고, 2분 단위로 보기 좋게 편집해 SNS로 공유함으로써 '암기 꽝'에다가 몸치인 나 같은 사람도 어렵잖게 진도를 따라갈 수 있었다.
"수업마다 노래 하나씩을 가르치기는 처음이에요. 여러분이 즐겁게 배우니 저도 신나게 가르칩니다!"
그러나 우리에게는 수어 합창단 활동을 하는 데 큰 걸림돌이 하나 있었다. 참여자들이 노래 대부분을 모른다는 것. 우리 세대의 국민가요격인 노래도 다른 나라에서 오신 분들은 정말 아무도 몰랐다. 우리는 생각했다. '아, 모두가 당연하다고 생각하는 것도 아닐 수 있는 거구나.' 하고 말이다. 그런들 어떠한가. 서로 배워가며 함께 화음을 이루는 일이 중요한 것 아닌가!
도서관에 오는 사람들 중에 수어를 배우는 사람은 곧바로 알아볼

수 있다. 인사를 수어로 하기 때문이다. 그리고 버스정류장에서, 지하철 안에서 무의식적으로 수어를 연습하며 노래하고 있는 우리를 발견하고 놀라고는 한다.

## 내게도 듣지 못하는 이웃이 있다

몇 년 전이었다. 단편소설을 쓰는 선배를 만나러 퇴근길에 한 공단 안에 있는 카페를 찾아가야 했다. 나는 버스 노선을 확인하고 언제나 그랬듯이 이어폰으로 음악을 들으면서 버스에 올랐다. 목적지 가까이 온 것 같아 버스 음성 안내를 듣기 위해 이어폰을 귀에서 빼는 순간 깜짝 놀라고 말았다. 누가 내 옆에서 버스 창문 윗부분을 주먹으로 탕탕 치고 있었다. 버스 기사는 당황하여 왜 그러냐고 소리치고, 주위에 있던 승객들도 걱정스러운 눈으로 그를 쳐다보았다. 창문을 치는 소리가 너무 큰 데다 경황이 없는 상태에서 그를 올려다보았을 때, 아는 얼굴이어서 나는 한 번 더 놀랐다.

동네 지인의 회사 동료이자 청각장애인이었던 그는 길거리에서 몇 번 인사를 나누었던 나를 기억하고 알은체를 하기 위해 소리를 낸 것이었다. 듣지 못하기 때문에 자신이 얼마나 큰 소리를 내고 있는지 모르는 것 같았다. 그때 내가 귀를 열어두었다면, 수어를 배웠다면, 그를 반겨 인사하고 그 기억을 자연스럽게 잊을 수 있었으리라. 아직도 그날 짧은 인사를 건네기 위해 그가 냈던 탕탕 소리, 필요 이상으로 비장했던 얼굴을 잊을 수 없다.

## 멋진 친구가 된 수어 합창단

그해 가을에 우리는 경기도 수어경연대회에 나가는 것을 시작으로, 매년 무대에 서는 서로를 격려하며 끈끈한 사이가 되었다. 장애인이 주최하는 공연이나 발표회, 단체 행사에 초청도 많이 받았다.

무엇보다 수어를 배우지 않았다면 만나지 못했을 사람들과 친구가 되어 이야기를 나누는 것이 이렇게 즐겁고 의미 있는 일인지를 처음 알았다. 이 활동을 통해 우리의 삶이 더욱 넓어지고 다양해졌다고 자신 있게 말할 수 있다. 지금은 온라인상으로라도 매주 만나 새로운 노래를 수어로 꾸준히 배우고 있다. 수어 뮤지컬을 만들어 보겠다는 꿈도 꾸게 되었다. 혼자라면 못 하겠지만 함께이기에 용기를 낼 수 있었다. 우리는 할 수 있을 것이다. 그것도 아주 멋있게 말이다.

수어 합창단은 큰 무대에서도 유감없이 실력을 발휘했다

> **TIP 도서관과 수어 교실**

수어는 손짓 몸짓 하나하나가 뜻을 품고 있기에 표현하는 동안 낱말의 의미를 생각하게 하는 놀라운 힘이 있다. 우리가 언어를 배울 때 인사 한마디로 새로운 세상과 연결되는 것처럼, 간단한 수어 몇 마디가 이용자들의 눈을 넓혀주고 마음을 1도씩 더 따뜻하게 할지도 모른다.

❶ 수어를 공부할 수 있는 사이트
- 국립국어원 한국 수어 사전 sldict.korean.go.kr
- 국민권익위원회가 운영하는 국민콜 110 블로그 110callcenter.tistory.com 카테고리 〈수화를 배워요〉
- 그 외에도 유튜브 강원도농아인협회 채널의 〈2020톡톡수어〉, '스윙핸즈 꿈꾸는 손', '하이루비' 채널 등에서 기초 수어를 배울 수 있다.

❷ 수어로 해보는 독서활동
- 책 제목을 수어로 표현하기
- 간단한 독서 감상평을 수어로 친구들과 나누기
- 수어로 동요 함께 부르기

# 우리의 역사가 된 도서관 일기

말은 나타남과 동시에 사라지지만 글은 계속해서 남아 있다. 기록물을 저장하는 도서관에서 쓰기는 또 하나의 창작이며 역사가 된다. 역사가 과거와 현재를 이어주듯 '도서관 일기'라고 불리는 우리의 방명록도 이용자들 사이를 바삐 오가며 서로를 이어준다. 정성스레 한 자 한 자 눌러쓴 글씨와 재치 있는 그림이 가득한 우리만의 일기. 한번 쓰면 또 쓰고 싶고, 매일 쓰고 싶어져 빠르게 차곡차곡 쌓이는 노트들을 보면 참 감개무량하다.

"재미있게 읽었는데 이야기할 곳이 없어요"

우리 도서관에는 이용자들이 자주 하는 우스갯소리가 있다.

"만약에 도서관에 불이 났어. 그럼 너는 무엇을 가지고 나갈 거야?"
이 질문에 도서관 이용자인 렉가나는 자신의 얼굴을 수놓은 자수 액자를 손꼽았다. 개구쟁이 끼릴은 직접 그린 『나오니까 좋다』의 고릴라와 텐트 그림을 최고의 보물로 꼽는다. 피아오는 망설임 없이 우리 수어 합창단이 받은 수어 대회 대상 트로피를 들고나온다고 한다.

나는 당연히 '우리 도서관 일기'를 최고의 보물로 손꼽는다. 도서관 입구에서 제일 잘 보이는 곳에 놓여 나보다 먼저 방문객과 인사하는 일기장은 2014년부터 시작하여 벌써 열세 권째이다. 어떨 때는 빨간 양장 표지의 노트가, 어떨 때는 큰 수채화 노트가 방문객을 맞이한다. 하루하루 도서관을 방문하는 사람들이 자신의 얼굴을 그려보는 그림일기 형태를 띤 적도 있다.

2014년 3월, 나는 지금의 작은도서관에서 일을 시작했다. 주민의 78퍼센트가 이주민인 마을에서 작은도서관이 어떤 역할을 해야 할지 정말 막막했다. 어쨌든 책으로 이용자들에게 말을 걸어야겠다고 생각하며 도서관에 어떤 책들이 있는지, 어떤 사람들이 오는지 눈여겨봤다. 그 무렵 교복을 입은 청소년 한 명이 눈에 띄었다. 나는 인사를 나누고 그 아이가 읽는 책에 관해 이야기했다. 어느새 아이는 매일 수업을 마치자마자 도서관에 들렀고 우리는 친한 사이가 되었다. 가끔 아이의 학교 이야기도 나누었다. 그 아이도 우리

도서관에 다닌 지 십여 일이 되고 나도 근무한 지 이 주일째 되는 날을 맞이했을 때였다.

"선생님, 이 책 너무 재미있게 읽었는데, 이야기할 곳이 없어요. 노트 하나 주시면 제가 글로 남길게요. 다른 사람들도 이 책 읽어볼 수 있게요."

이렇게 우리 도서관 일기가 시작되었다. 아이가 일기장을 예쁘게 꾸미고 싶어 해서 종이를 오리고 붙인 다음 그 위에 글을 남겼다. 그 모습이 무척 즐거워 보였다. '무엇이 이 아이를 이렇게 행복하게 만들었을까?' 하는 마음이 생겨서 평소에는 읽지 않았을, 아이가 추천한 소설까지 읽게 되었다. 모든 책에는 주인공 그리고 그의 친구, 가족, 이웃의 삶이 녹아 있다. 그들의 삶과 생각, 감정을 이야기하면서 이 아이의 마음과 나의 마음이 닿는 귀중한 경험을 하게 되었다. 아버지를 따라 이사를 간다는 소식을 전하러 온 아이의 눈에 맺힌 눈물이 아직도 내 마음을 떠나지 않는다. 도서관 일기의 출발점이 되어준 그 아이는 지금 어디서 무엇을 하고 있을까.

## 도서관 일기로 우리는 친구가 되었다

도서관 일기를 시작하며 처음에는 말이 통하는 누구든 도서관에 오면 한 글자라도 남겨달라고 이야기했다. 그러나 말을 잘하던 사람도 글로 써보라고 하면 못 한다며 도망가기 일쑤였다. 그래도 일기에는 매일매일 간단한 우리말로 인사말 한마디 정도가 채워졌다. 그러자 도서관에 자주 오는 사람들이 한 번씩 일기를 구석으로 가져가 무엇인가 쓰고, 집에 갈 때쯤 슬쩍 자리에 돌려두는 일이 점점 늘었다.

무슨 이야기들이 적혀 있을까? 기록자가 사라지기 무섭게 일기장을 펼쳐보면 알 수 없는 글자들이 가득했다. 일기가 풍성해질수록 내가 모르는 글들은 늘어갔는데, 어떤 내용이 쓰였는지 너무 궁금

우리 도서관 역사가 이만큼 쌓이다니!

했다. 나중에는 이것이 네팔 글자인지, 태국 글자인지, 캄보디아 글자인지를 겨우 알게 되었다.

쓴 사람이 부담을 가질까 봐 직접 물어보지 못했던 나의 소심함이 뜻밖의 희망적인 결과를 가져왔다. 그 나라 언어를 쓰는 사람이 왔을 때 일기에 쓰인 내용을 물어보면, 의외로 흔쾌히 알려주는 사람이 많았다. 일종의 통번역인 셈이다.

글의 대부분은 '나는 어디에서 온 누구이고, 도서관에 자주 온다.' 같은 자기소개가 많았다. 자신이 쓰고 싶은 내용을 전달하면서 누군가의 글에 간단하게 답글을 남기는 사람도 있었다. 그 답글을 원래 썼던 사람이 또다시 보게 되고, 그 글에 또 간단한 답글이 달렸다. 그

두 사람이 도서관에서 만나 친구가 되는 모습을 종종 볼 수 있었다.

## 일기 쓰기에서 독립선언서 필사 모임으로

우리 도서관 일기를 유독 사랑하는 이주어르신들이 계신다. 아침에 오시면 숙제 검사를 하듯이 꼭 확인하고 글을 남긴다. 그분들이 자신들은 책을 추천하는 글만 남기겠다고 노트를 따로 마련해 달라고 해서 탄생한 프로그램이 '은빛독서날개'다. 할아버지 다섯 분이 경쟁적으로 우리 도서관의 책을 읽고 추천의 글을 적는다. 가끔씩 도서관 업무로 머리가 아플 때 이분들의 글을 본다. 글씨를 참 잘 쓰셔서 "글씨가 명필이세요."라고 말씀드리면 정말 좋아하시는 표정도 볼 수 있다.

삼일절을 한 달 앞둔 어느 날, 한 분이 올해는 3.1운동 100주년이 되는 해라고 하시며 3.1독립선언서 전문을 써보고 싶다고 했다. 독립선언서 전문이라니! 프린트로 뽑아도 세 장이나 되는 내용을 전부 쓴다니! 나와 주위 사람들이 매우 놀라며 재차 물어보았지만 당신은 시간이 많다며 의지를 불태우셨다. 살펴보니 읽기 편하게 현대 국어로 바꾼 독립선언서 전문이 있었고 영어, 중국어, 러시아어 등 7개의 언어로 번역된 내용을 온라인에서 찾을 수 있었다.

할아버지들이 처음 참여하면서 시작된 독립선언서 전문 필사는 곧 우리 도서관 모두의 프로그램이 되었다. 필사한 사람들끼리 모여 대화 모임도 열었다. 율리아는 한국의 역사는 공부하면 할수록 어려웠는데 러시아어로 읽고 쓰다 보니 좀 더 깊이 이해할 수 있어서 좋았다고 했다. 용주 할아버지는 3.1운동이 중국의 5.4운동보다 두 달이나 빨리 일어난 독립운동이라며 자랑스럽다고 하셨다. 사실 나도 전문을 읽고 따라 쓰기는 처음이었다. '이런 내용이었구나.' 싶었다. 읽는 데서 그치지 않고 손으로 직접 적어보니 독립운동을 향한 숭고한 열망이 더 깊게 와닿는 듯했다. 우리의 선조들이 굳건한 마음으로 하나하나 새겨 넣었을 독립선언서의 모든 내용이 한 자 한 자 우리의 마음에도 새겨지는 시간이었다.

## 기록, 일기······ 추억을 남긴다는 것

우리 도서관 일기는 이용자의 손을 거치지 않은 날이 하루도 없다. 도서관에서 모임이라도 있는 날이면 열 편 이상씩 쓰이기도 한다. 시간이 날 때마다 도서관에 들러 예전 일기장을 들여다보며 몇 년 전 자기 모습이 담긴 글을 확인하는 아이들과 엄마들도 있다. 답글로 마음을 전하며 우정을 만든 사람들의 흔적도 남아 있다. 크리스마스카드를 남겨 함께 축하하기도 하고, 이용자들의 언어가 다양하다며 인사말을 각국의 언어로 적기도 한다.

한 사람 한 사람 남긴 글들이 그렇게 차곡차곡 쌓여 도서관의 역사가 되었다. 일기장은 세월이 갈수록 낡아서 빛바래지지만 기록은 나날이 새롭게 발견된다. 그리고 늘 반짝이며 도서관에서 우리의 기억을 되살리고 있을 것이다.

> **TIP 쉽게 시작할 수 있는 도서관 일기**
>
> ❶ 노트를 준비한다.
>   (줄 노트, 무지 노트, 모눈 노트 등 노트 형식은 상관없다.)
> ❷ 표지 위쪽에 도서관 이름과 일기 통권을 표시한다.
> ❸ 표지 아래쪽에는 일기를 간단히 안내하는 글을 붙여준다. 어떤 내용을 적으면 좋을지도 함께 언급한다.
>   (우리 도서관은 감명 깊게 읽은 책과 책 구절, 읽고 싶거나 필요한 책, 도서관에서 생긴 일, 재미난 이야기, 도서관에 바라는 것 등을 적도록 했다.)
> ❹ 도서관 입구에서 가장 먼저 시선이 닿는 곳에 일기를 둔다.
> ❺ 이용자들에게 도서관 일기가 생소할 수 있으니 사서의 열정적인 설명 또한 필요하다.

# 제 친구를
# 소개합니다

도서관을 이루는 3대 요소는 시설과 장서, 직원이다. 도서관에서 일을 하는 햇수가 늘어날수록 도서관의 필요충분 요소들이 점점 많아지는 걸 느끼는데, 그중에는 도서관을 사랑하는 이용자와 그들이 만들어가는 이야기가 빠질 수 없다.

지금도 '그때 만났던 사람들은 무얼 하고 있을까?'라는 생각이 자주 들곤 한다. 상급 학교로 진학하거나, 이사를 가거나, 꿈을 이루기 위해 멀리 떠나 지금을 볼 수 없는 그때 그 사람들, 그 아이들을 소환해본다.

## 프놈펜에서 독서 멘토가 된 소민

내가 생각하는 소민이는 유난히 부끄러움이 많은 아이였다. 도서관에서 막 일을 시작했을 때 어린 친구들과 가까이 지내고 싶은 의욕이 넘쳐나던 나는 소민이에게 급하게 손을 내밀었다. 소민이는 쉽게 그 손을 잡아주지 않았다. 그나마 도서관의 열성 팬이 된 엄마 덕분에 자주 볼 수는 있었는데, 마음을 다하는 데 비해 거리를 좁히기가 어려웠다. 그래서 어린이를 대하는 나의 방법이 어디가 잘못된 것은 아닌가 생각한 적도 있었다. 그러나 어느덧 엄마만큼이나 소민이와도 가까워졌다. 소민이는 가족과 함께 엄마의 나라인 캄보디아에 간 뒤에도 우리나라 그림책을 자주 보고 있다. 학교 친구들에게 재미있는 책을 권장할 정도로 책 읽기를 좋아해서 또래들의 '독서 멘토'가 되었다고. 요즘은 프놈펜에 갔을 때 선물했던 그림책 『너무너무 공주』를 손에서 놓지 않는다고 한다. 소민이는 너무너무 예쁜 공주!

나의 어린이 친구 소민

## 동네 헤어스타일을 책임지는 뚜잇

2014년 여름에 만났던 22살의 청년 뚜잇을 자주 생각한다. 그날도 '날개 달린 도서관' 프로그램에서 이주노동자들과 함께 모국어로 된 소설을 읽고 있었다. 주인공이 자신의 꿈을 찾아 떠나는 내용인데, 책 읽기가 끝나고 자연스럽게 각자가 생각하는 '행복'을 이야기하게 되었다.

당시 누구보다도 기억에 남는 말을 한 뚜잇. 그녀는 자신이 가장 행복할 때가 가족이 모두 모여 있는 시간이라고 했다. 고향으로 가서 미용실을 차리는 것이 꿈이라는 말도 덧붙였다. 그때의 모습이 참

미용실 사장님이 된 뚜잇

다부져 보여서 그 청년은 어떻게 되었을까 하고 생각한 적이 많았다. 5년이 지나 캄보디아의 한 시골에서 만난 뚜잇은 정말 고향 입구에 미용실을 차리고 이웃들의 헤어스타일을 책임지고 있었다. 시간과 장소를 초월하여, 한 청년이 꿈을 이루어가는 것을 목격하는 일은 참으로 큰 행운이었다.

## 어엿한 대학생이 된 '캐럴 청소년 5인방'

유난히 이야기가 잘 통하는 청소년들이 있었다. 중국에서 한국으로 온 지 얼마 안 되는 열여섯 살부터 열여덟 살까지의 아이들이었다. 나는 중국어를 몰랐고 그들은 한국어가 서툴렀다. 그러나 우리는 하루가 멀다 하고 서로를 보고 싶어 했다. 이유는 지금 생각해도 잘 모르겠다. 그냥 마음이 잘 맞았던 것 같다. 모든 것이 낯설었던 탓에 도서관을 자주 찾았던 그 아이들에게, 나는 다른 중국 이용자들에게 물어 알아낸 재미있는 책들을 꾸준히 권했다. 그들은 도서관을 지키는 청소년이 되었고, 행사 때마다 일손을 거들었다. 급기야 12월에 열린 중국을 테마로 한 북콘서트에서는 처음으로 '데뷔'하는 기회를 가졌다. 자신들의 언어로 사람들에게 캐럴을 불러주었던 것이다. 두근두근, 너무 떨려서인지 다섯 명 목소리가 한 사람 목소리보다 더 작게 들리기도 했지만 서로 격려하며 노래

패션 디자이너를 꿈꾸는 미화. 지금은 훌쩍 자라 어른이 되었다

부르는 모습이 멋졌다.

지금도 그들을 '중국 캐럴 청소년'이라고 부르며 요즘 어떻게 지내는지 궁금하다고 물어보는 분들이 있다. 어엿한 회사원이 된 딩딩과 문원, 대학생이 된 미화는 여전히 밝고 건강하게 지내는 듯했다. 물론 아이들을 처음 만났을 때는 어디에도 속하지 못하는 주변인으로 위태로워 보일 때도 있었다. 하지만 5년 동안 모두가 우리 사회에서 당당한 모습으로 자리를 잡았다. 그리고 내가 도서관에서 근무 중일 때는 종종 찾아와 "아직도 계시네요. 그럴 줄 알았어요."라고 농담을 던지기도 했다. 이들이 환한 미소로 도서관에 들어올 때마다 나는 도서관에서 일하길 정말 잘했다는 생각을 하곤 했다.

## 할아버지! 잘 계시지요?

매일 12시에 찾아오는 중국 출신 할아버지가 있었다. 도서관 가까이에 무료 급식소가 있었는데, 이곳이 운영을 시작하는 11시 30분에 식사를 하고 바로 도서관에 오시는 것이었다. 정말이지 하루도 빠지지 않았다. 도서관 오는 재미로 산다고 항상 이야기하시는 광철 할아버지와 맞먹는, 우리 도서관 팬이셨다. 도서관에 머무는 약 2시간 동안 주로 중국어 역사소설과 공자, 맹자 등의 철학 서적을 읽고 가셨는데, 어느 날부터 모습을 볼 수가 없었다. 도서관 이용자들도 소식을 궁금해했지만 이름도 연락처도 알지 못하는 내가 할 수 있는 일은 없었다.

한 달쯤 지났을까. 드디어 할아버지가 '니하오!' 하며 도서관 문을 열고 들어오셨다. 반가움에 나도 모르게 벌떡 일어났는데 마지막으로 뵈었을 때보다 허리도 많이 굽고, 수척해진 모습이었다.

평소 알고 지내던 할아버지들이 자연스럽게 그분을 둘러싸고 앉아 안부를 물었다. 원래 도서관 가까이 사셨던 할아버지는 좀 더 싼 방을 구해 걸어서 1시간 거리로 이사를 하게 됐는데, 손수레로 혼자 살림을 옮기다가 허리를 다쳐 한 달 동안 집에서 누워 지내셨다고 했다. 할아버지는 나를 돌아보며 이렇게 말씀하셨다.

"자네가 걱정할까 봐 왔지. 내 형님이 하얼빈에 계셔. 형님 아흔 생일이라 내가 이번 주에 가면 또 한두 달 못 볼 텐데, 그럼 자네가 너무 걱정할까 봐 이렇게 온 겨."
그러면서 당신 이름 석 자와 휴대폰 번호를 적어 쥐어주셨다.
형님을 뵈러 고향에 가신 이후 우리는 할아버지를 한 번도 만날 수 없었다. 가끔 할아버지가 즐겨 읽던 삼국지를 펼쳐보기도 하고 알려준 번호로 전화를 걸어보기도 했다. 받지 않았지만, 전화벨이 울리는 것만으로도 연결되어 있는 듯한 안도감이 느껴졌다. 그러나 2년 전쯤에는…… 없는 번호라는 연결음뿐이었다.
김동식 할아버지. 잘 지내고 계시지요. 도서관 사람들은 잘 지냅니다. 모두 할아버지를 잊지 않고 있어요. 보고 싶습니다.

## 도서관 활동가에서 주연 배우로!

우리 도서관 대학생 활동가였던 해룡은 180센티미터가 넘는 키에 눈망울이 서글서글하여 이용자들에게 인기가 많았다. 도서관의 크고 작은 일을 두 손 걷고 도와주었고 큰 키 덕에 우리가 손을 뻗어도 붙이기 힘든 현수막, 안내문 등을 척척 걸어주었다. 도서관 활동을 마무리할 즈음, 해룡은 자신의 꿈이 연극배우이고 그 꿈을 위해 열심히 달려보겠다고 당당하게 말했다. 자기 꿈에 자부심을 갖고 이야기하는 청년의 모습은 이제까지 만나왔던 해룡과 사뭇 달랐다. 해룡은 내게 "꿈을 이뤄 다시 찾아뵙겠습니다."라는 약속을 했는데, 실제로도 그 약속을 지켰다.

해룡이 SNS로 건네준 초대장에는 〈타이피스트〉라는 연극의 포스터와 함께 '꼭 와주세요.'라는 이야기가 담겨 있었다. 포스터에 있는 뒷모습, 누가 봐도 해룡이었다. 못 본 지 5년이 지났건만 어제 만난 사람처럼 반갑고 내 일처럼 좋았다.

대학로의 한 소극장에서 20대부터 60대까지의 타이피스트를 연기하는 청년은 너무 멋져서 낯설 정도였다. 해룡이 주연으로 나온 이번 연극은 동명의 책을 각색한 이야기이다. 해룡은 우리 도서관을 떠나서도 책을 많이 읽었다고 했다.

연극이 끝나고 무대 뒤에서야 도서관에서 조용히 책을 읽던 해룡의 예전 모습을 만날 수 있었다. 내가 "꿈을 이뤘네요!" 하고 말을 건네자 해룡은 이렇게 말했다.

"이제 시작입니다, 선생님."

도서관에서 만난 사람들 사이에는 뭔가 특별한 것이 있다. 이것이 무엇일까 한참 생각해보았지만 정확한 답을 얻을 수 없었다. 하지만 도서관에서 일하는 동안 단서들을 찾은 것 같다.

도서관은 마냥 행복하지만은 않은, 조금은 팍팍한 현실의 자신을 내려놓고 그런 나를 바라봐줄 친구들을 만날 수 있는 곳이 아닐까? 내 이름을 불러주는 사람을 만나 자기도 몰랐던 자신의 모습을 발견하며 서로 가까운 사이가 되어가는 곳, 그렇게 만난 친구와 소식을 이어가고 서로의 삶을 지지하게 되는 곳!

## 나는 나란히 서는 법을 배웠다

나는 우리 도서관에서 이곳이 아니었다면 평생을 가도 못 만날 사람들을 알게 되었다. 이용자 대부분이 국제이주민이라서 한 번 떠나면 다시 못 볼 사람들도 많았다. 그러나 한국에 올 때마다 잊지 않고 들르는 사람, SNS로 소식을 전하는 아이들, 자신이 하고 싶은 일을 하게 되었다고 알려오는 청년들의 이야기로, 헤어짐이 쓸쓸한 것만은 아니라는 사실을 알게 되었다. 소식을 전해 들을 때마다 그들은 성장해 있었고, 좀 더 멋진 사람이 되어 있었다.

그리고 또 하나 알게 된 점은 나 또한 이 아이들과, 이 사람들과 같이 책을 읽고 삶을 나누는 동안 생각이 많이 자라 있었다는 것이다. 나의 삶과 접점이 생길 거라고 예상하지 못했던 '이주민'들과 친구가 될 수 있었고, 이제는 이주민이든 선주민이든 구분 없이 그저 서로를 같은 공동체로 바라볼 수 있게 되었다. 국적, 나이, 종교, 배경과 상관없이 사람들 옆에 나란히 서는 법을 배웠던 시간. 세상 모든 도서관이 그런 시간으로 가득하기를 언제나 열심히 응원하고 싶다.

# 길을 떠나온 사람들을 위한 대화 모임

누구나 태어난 곳을 떠나고, 길을 걷고, 그 길 위에서 사람을 만나며, 마음이 움직이는 곳에서 잠깐 머무르기도 하고 또다시 길을 떠나기도 한다. 동네 이웃뿐만 아니라 지구 반 바퀴를 돌아 이곳에 도착해 문을 막 열고 들어선 사람까지, 도서관에서 만난 사람들이 장소에 얽힌 자기 이야기를 시작했다. '지구별 여행자의 대화 모임' 풍경이다.

세계를 여행하고 온 사람들의 이야기를 한자리에서 듣는 즐거움! 게다가 그 속에는 여느 여행 모임에서도 들을 수 없는 진솔함이 녹아 있다. 마치 한 권의 여행기를 읽듯 이야기를 나누고 공감하는 순간, 우리는 서로에게 소중한 친구라는 이름으로 다가서게 된다.

## 이야기 부자들의 도서관

사실 우리 도서관에서는 매일매일 '지구별 여행자'들의 대화가 오고 간다. 새벽마다 고향 집 앞마당을 어슬렁거리던 캄차카반도의 곰 가족 이야기, 룸비니 명상원에서 만났던 티베트 노스님의 건강을 걱정하는 이야기, 결혼식에서 머리에 꽂았던 금장식이 너무 무거워 지금도 고개가 아프다는 발리 새댁의 이야기…… 책에서 흥미진진한 이야기만 뽑아 하는 것이 아닌가 생각할 정도로 재미있는 이야기들이 많다. 어떨 때는 퇴근하는 것도 잊고 이야기 듣는 데 빠질 정도다. 세계 각국에서, 문화적 배경이 서로 다른 사람들이 찾아오는 우리 도서관에서는 매일매일 새롭고 재미있는 이야기들을 들을 수 있다. 아쉬운 것은 책 읽는 사람들에게 방해가 되지 않기 위해, 이용자가 몇 명 남아 있지 않았을 때만 이야기가 오고 간다는 점이다.

어느 날 우리 이야기에 귀 기울이던 이용자 한 명이 "나도 듣게 좀 크게 이야기해 달라."라고 해서 모두 모여 이야기를 나누는 '지구별 여행자 대화 모임'을 기획했다.

2019년 가을, 중국을 시작으로 캄보디아, 우즈베키스탄, 네팔까지 네 번의 지구별 여행자 대화 모임이 이루어졌다. 그 나라에서 온 사람들, 그 나라에 가고 싶은 사람들, 그리고 그곳을 여행한 사람들이 만나서 이야기를 나누는 프로그램이다. 참여하는 사람들이 온전히 만들어가는 진행형 모임이어서 매번 새로웠다. 나라마다 특색에 맞게 그들의 스타일로 만들어갔기 때문에 더욱 생동감이 느껴졌다. 대화 모임 주최자들은 간식을 가져와 나누기도 하는데, 현지에서 인기 있는 음식들이다. 도서관에 있는 해당 국가의 책도 함께한다. 이 모임에서는 자신들의 언어로 자신 있게 고향 나라를 소개해도 된다. 이중 언어가 가능한 도서관 이용자들이 통역을 해주기 때문이다.

## 우즈베키스탄으로 가는 항공권

어느 가을 저녁, 우즈베키스탄으로 떠나는 날이었다. 도서관에 들어서는 사람들에게 비행기 티켓을 하나씩 나누어 주었다. 티켓은 좌석 번호까지 표기되어 있는 항공권으로, 항공사는 '안산다문화 작은도서관'이다. 도서관에서 사람들의 이야기를 듣다 보면 우즈베키스탄을 여행하는 것처럼 느낄 수 있다는 의미에서 만들었다. 발매한 지 5분 만에 전체 25석이 만석이 되어 우리는 우즈베키스탄 여행을 시작했다.

율리아가 우즈베키스탄의 문화에 관해 안내했고 열일곱 살인 안드레이가 「꿈」이라는 우즈베키스탄 노래를 불러주었다. 잠시 눈을 감

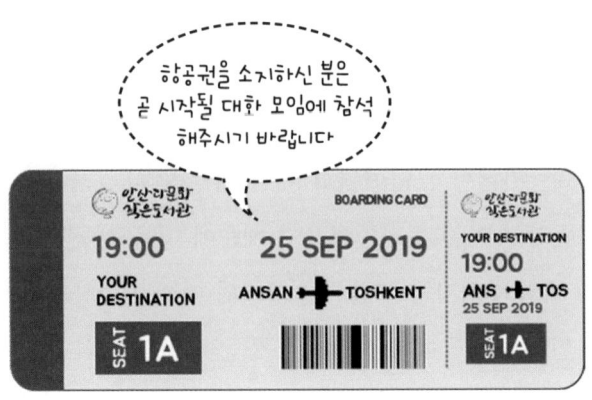

고 노래를 듣고 있으니, 수도인 타슈켄트 광장에서 여행자가 불러주는 노래를 듣는 듯했다. 안드레이는 우리 부탁을 거절하지 못하고 노래를 한 번 더 불렀다. 눈과 귀가 행복한 여행이었다.

## 국가를 불러준 네팔 청년들

일요일. 아침부터 네팔 청년들이 도서관을 찾아왔다. 그날 오후에 있을 네팔 여행자 모임에서 부를 노래를 연습하기 위해서였다. 이번 여행자 모임 준비 팀은 주로 우리나라에 일하러 온 청년들로 이뤄져 있기에 이들이 쉬는 일요일로 모임 날짜를 정했다.
아홉 청년들이 부르는 네팔 국가와 함께 여행이 시작되었다. 원래는 우리나라의 「아리랑」 같은, 네팔 사람들이 옛날부터 즐기고 좋아한다는 노래 「레썸삐리리」를 부르기로 했는데, 모임 하루 전날 네팔 국가로 바꾸었다고 했다. 국가를 부르는 이들의 표정에서 왜 노래를 바꿨는지 충분히 이해되었다. 자기 나라를 자랑스럽게 생각하는 모습이 참 멋져 보였다.

10년 전, 여행을 하면서 진정으로 네팔을 사랑하게 되었다는 무나 선생님이 이번 여행의 안내자 역할을 맡았다. 우리에게 네팔의 「풀꼬 아카마」라는 노래를 한 소절 한 소절 가르쳐주어, 나중에는 도서관에 온 모든 사람이 합창을 했다. 네팔 노래는 네팔의 자연마냥 아름답고 서정적이었다.

대화 모임은 이야기 전달에 그치지 않고 해당 나라의 다양한 문화를 만나게 한다

네팔의 동화작가이자 번역가인 모헌 선생님이 네팔의 자연과 문화도 설명해주었다. 세계에서 가장 높은 산 14개 중 8개가 네팔에 있다는 사실, 네팔이 125개 민족이 사는 다민족 국가라는 사실을 알게 되어 놀라웠다.

이번 여행자 모임의 하이라이트는 단연코 '네팔 음식 체험'이었다. 도서관에서 1분만 걸어가면 네팔 레스토랑이 있다. 네팔 현지인들이 즐겨 찾는 명소인데, 도서관 이용자들은 처음 가보는 곳이었다. 여기서 작은 빈대떡 격인 로띠와 콩으로 만든 달스프, 야채 커리, 연한 밀크티 같은 찌아까지, 네팔 대표 요리를 맛보았다.

우리는 같은 자리에서 함께 음식을 먹으며 많은 이야기를 나누었다. 네팔 청년들과 함께 중국, 파키스탄, 러시아에서 온 사람들이 섞여 있었지만 서로 아무런 구분을 짓지 않았다. 안산에서 죽 살아온 주민들도 마찬가지였다. 그 자리에는 함께 이야기하고 웃고 노래하는 지구별 여행자들이 있을 뿐이었다. 우리는 「레썸삐리리」를 함께 불렀다. '레썸'은 비단을 의미하고 '삐리리'는 비단이 바람에 '휘리릭' 날리는 모습을 표현한 말이라고 한다. 함께 노래를 하는 순간, 모두의 마음 비단이 스스륵 날려 서로에게 닿았다. 이 시간들은 그 어떤 프로그램이나 교육보다 우리에게 많은 것을 느끼게 했다.

누군가를 처음 만날 때 마음을 다해 맞이하고 환영하면 다음에 또 만날 가능성이 높아진다. 한 번 두 번 만나다 보면 자연스럽게 이야기를 나누게 되고, 그 시간이 쌓여가면서 친구가 된다. 서로 어디에서 태어났는지, 어디에서 왔는지는 그리 중요하지 않다는 것도 알게 된다. 나도 이 과정에 있고 도서관에서 만난 사람들과도 이 여정을 함께 걷고 있다. 모두의 웃음이 언제나 함께할 여행길이다.

# 다정다감 책친구, 우즈베키스탄 아이들

초승달 하나, 작은 별 열두 개, 파랑과 하양, 초록으로 이루어진 삼색 바탕. 생명의 물과 평화 그리고 자연을 가슴에 담은 나라 우즈베키스탄 국기의 모습이다. 그 의미는 조금 생소하게 다가오지만 우리나라 곳곳에 터전을 마련해 살아가는 우즈베키스탄 사람들만큼은 가까이에 있다. 우즈베키스탄이 고향인 비카도 이곳 도서관을 자주 찾는다. 그림책이 좋아서, 한 번 더 읽고 싶어서.

여러 나라에서 온 아이들과 나란히 눈높이를 맞추고픈 어른이라면, 이 이야기에 주목해도 좋겠다. 자기 취향과 자국에서 즐긴 놀이를 공유하며 경계 없이 친구가 되는 순수한 동심을 만날 수 있을 것이다.

## 우리 역사와 맞닿은 우즈베키스탄

우즈베키스탄은 아시아의 중앙부에 위치한 공화국으로 1991년 러시아 연방에서 독립했다. 한국의 40배가 넘는 영토에 2,940만 명 되는 인구가 살고 있는 곳. 수도는 '돌의 도시'라는 의미를 가진 타슈켄트이다. 아시아 국가이면서 이슬람 문화를 가진 아주 흥미로운 나라이기도 하다. 인구의 1퍼센트가 한국인으로 이뤄져 있는데 고려인이라는 이름으로 살아가고 있다. 우즈베키스탄은 듣는 이에 따라 낯설게 느껴지는 곳일 수 있지만 우리의 역사와 가깝게 연결되어 있는 나라이다.

## 비카를 미소 천사로 이끈 그림책 이야기

비카는 여섯 살까지 우즈베키스탄에서 할머니와 살다가 한국에 오게 되었다. 비카의 부모님은 비카가 갓난아기일 적에 돈을 벌기 위해 먼저 한국에 왔다. 얼굴이 기억나지 않는 부모님과의 생활이 낯선 데다 한국어를 몰라 또래와 말을 할 수 없어서 한동안 슬프기만 했다고.

이런 비카가 한글로 된 그림책을 만나면서 세상에서 가장 활발한 소녀가 되었다. 도서관 활동가 선생님들이 읽어주는 한글 그림책을 접한 후 다른 그림책들을 또 읽어달라고 했던 비카. 온통 한국 그림책과 함께한 6개월 동안 비카의 한국어 실력은 부쩍 늘었다. 친구들과도 자유로이 이야기할 수 있게 되었고 무엇보다 웃음이 떠나가지 않는 미소 천사가 되었다. 어엿한 청소년이 된 비카는, 한국에 막 이주해서 한국어가 서툰 동생들에게 자신이 읽던 책들을 읽어주며 바쁜 나날을 보내기도 했다.

**비카가 동생들에게 읽어주는 한글 그림책**

『가족 123』
정상경 지음 | 초방책방 | 2004
한국에서 엄마 아빠와 함께 있게 되었지만 그래도 우즈베키스탄에 있는 할머니와 언니가 보고 싶을 때 읽는 책이라고.

『넉 점 반』
윤석중 시 | 이영경 그림 | 창비 | 2004
주인공 아기의 모습이 자신과 닮았다고 제일 좋아하는 책.

『바빠요 바빠』
윤구병 글 | 이태수 그림 | 보리 | 2000
이 책의 풍경이 우즈베키스탄의 가을 풍경과 비슷해서 고향에 가고플 때 펼쳐보면 눈물을 조금 참을 수 있다고 한다. 비카가 고향에서 온 동생들에게 재미있게 읽어주려고 허수아비도 만들어 책 사이에 끼워두었다.

## 조금은 으스스한 전통놀이 '아쉬치키'

우리나라의 '비석치기' 또는 '알까기'와 비슷한 우즈베키스탄의 전통놀이인 아쉬치키의 말은 무엇으로 만들어졌을까? 놀라지 말기를! 양이나 소의 다리뼈로 만들어졌다.

도서관에서 세계명예사서로 활동 중인 율리아가 아쉬치키 하는 법을 가르쳐주려 도구들을 꺼내니 구석에서 책을 읽던 조용한 성격의 러시아 청년 알렉산드로가 다가와 큰 소리로 이렇게 이야기한다.

"러시아에도 이거 비슷한 것 있어! 나 어릴 때 이거 많이 했어."
도서관에서 처음 만난 두 사람은 아쉬치키를 가지고 놀면서 어린 시절 이야기로 시간 가는 줄도 모른다.

---

**아쉬치키 놀이 방법**

① 바닥에 동그랗게 원을 그리고 가운데에 아쉬치키 말들을 나란히 둔다.
② 놀이 참여자는 아쉬치키 말을 하나씩 들고, 원 안의 말을 쳐서 튕겨 나간 말을 가진다.
③ 원을 그리고 일정 거리를 둔 다음, 아쉬치키 말 여러 개를 한꺼번에 들고 둥근 원 안에 던지기도 한다.
④ 원 안에 자리 잡은 말들은 살아남은 것이고 원 밖으로 나간 말들은 상대방이 가진다.
⑤ 말들을 딱지 모으듯 많이 가지면 친구들의 부러움을 한몸에 받게 될지도!

---

## 아픈 역사를 함께 간직한 책친구들과 함께

'고려인'이라는 말에는 우리의 근현대사가 담겨 있다. 일제 강점기 때 많은 사람들이 생존을 위해, 독립운동을 위해, 또는 강제 동원으로 우리나라를 떠나 연해주로 이주해 척박한 땅을 일구며 살았다. 이들은 스스로를 고려인이라고 부르며, 우리말 신문을 펴내고 명절을 지키면서 우리 민족의 문화를 이어갔다.

1937년에는 스탈린에 의해 많은 고려인이 중앙아시아로 강제 이주를 하면서, 지금의 우즈베키스탄, 카자흐스탄, 키르기스스탄 등의 나라에 흩어져 살게 되었다. 고려인들은 우리의 역사를 함께 겪어왔고, 현재 우리와 함께 살아가고 있으며, 앞으로 미래를 함께 꿈꿀 동포이다. 오랜 시간 떨어져 있어 서로의 언어와 문화를 낯설게 느낄 수 있다. 하지만 원래 형제였던 우리가 책을 통해 서로의 다양성을 공유하고 함께 소통하게 된다면 누구보다도 가까운 책친구가 될 것이라고 생각한다.

# 고려인 아이들과 함께 그리는 미래

고려인 아이들이 어릴 때 한국에서 가봤던 작은도서관을, 함께 읽었던 그림책들을, 함께 이야기했던 자신들의 꿈을 고이고이 마음속에 간직한다면? 이것이 '책으로 놀다 보면 생기는 깜짝 놀랄 일'이 아닐까?

## 반짝반짝, 별들이 오는 시간

도서관에 가기를 누구보다 기다리는 아이들이 있다. 일주일에 한 번, 아이들은 종종걸음을 재촉하여 20분 넘게 걸어서 우리 도서관에 온다. 어찌나 재잘거리며 내려오는지, 아이들이 도서관에 도착하기도 전에 이용자들은 구석진 곳으로 자리를 옮겨준다. 23평인 작은도서관이라, 열 명 넘는 아이들이 와서 함께 책 읽기를 하면 조용히 책을 읽으러 오는 이용자들은 불편해할 수 있다. 그러나 누구 한 명 불평하지 않고 많은 이용자가 이들이 오기를 기다린다. 책으로 놀다 보면 생기는 깜짤 놀랄 일 즉 '책놀깜놀' 독서교실이 열리는 시간이다.

"안녕하시므니까?"

익숙하지 않은 우리말로 인사를 건네고 도서관에 들어서는 아이들. 러시아, 카자흐스탄, 우즈베키스탄 등에 사는 우리 동포의 자녀들로 엄마 아빠를 따라 한국에 중도 입국한 아이들이다. 몇몇 아이들을 빼고는 한국어를 잘 모르기에, 러시아어로 된 책이 많은 우리 도서관까지 걸어와서 책도 읽고 독후활동도 함께한다. 그리고 한국 그림책과 세계의 그림책을 함께 읽는데, 아이들은 이 시간을 일주일 내내 기다린다고 한다.

## 마술 연필과 할아버지가 읽어주는 책

아이들과 『앤서니 브라운의 마술 연필』을 함께 읽어보았다. 내가 우리말로 한 페이지씩 읽으면 율리아 선생님이 러시아어로 다시 읽어준다. 한국어로 듣는 친구도 있고 러시아어로 듣는 친구도 있다. 주인공 꼬마 곰 때문인지 마술 연필 때문인지 아이들은 처음 만나는 이 그림책에 쏙 빠져들어, 이야기를 낭독하는 동안에는 숨소리조차 들리지 않는다.

다 읽고 나서는 책에 나오는 꼬마 곰처럼 지구별에서 함께 살고 싶은 동물들을 그림으로 그려 소환해내기로 했다. 그림을 살펴보니 거대한 고양이도 있고 공룡도 있다. 아이들은 자신이 태어난 나라에서는 이런 프로그램을 할 기회가 없다고 하면서 정말 재미있어 한다. 그리고 내게 알려주었다. 연필은 러시아 말로 '까렌다쉬'이고 고양이는 '꼬쉬카'라고 말이다.

도서관에 매일 오시는 중국 동포 할아버지들 가운데, '책놀깜놀' 프로그램이 있는 날이면 좀 더 일찍 도서관에 들르는 분이 있다. 할아버지께서 내가 프로그램을 진행하는 모습을 항상 유심히 보는 것 같아 어느 날 아이들에게 그림책을 직접 읽어주면 어떻겠냐고 말씀드렸다.

"내가 남 앞에 잘 안 나서긴 하는데, 정 선생 부탁이니 한번 해볼까?"

다음 시간, 아이들은 할아버지가 읽어주시는 그림책 『커졌다!』를 들을 수 있었다. 책은 내가 들고 있기로 하고 할아버지가 낭독을 했다. 공장에서 일하다가 다치는 바람에 세 손가락이 못생겼다고 아이들이 무서워할 수도 있다며 책 넘기는 일을 미리 부탁하신 것이었다. 실제로 할아버지는 나와는 이야기를 잘 하시지만 다른 사람들과 이야기하는 상황에는 끼어들지 않으신다. 먼저 손을 내미시는 법도 없다. 그런 할아버지가 아이들에게 책을 읽어주고, 아이들과 소통을 시작하셨다. '커졌다'는 말이 키만을 의미하는 이야기는 아닌 듯하다. 매번 올 때마다 쑥 커져 있는 아이들 키만큼이나 나도, 할아버지도 문화 다양성을 품는 마음과 용기가 한 뼘씩 커지고 있지 않았을까!

## 우리 도서관에는 거인이 살아요

쉬는 날이면 아이들이 좋아하는 책들을 찾아 도서전 같은 곳을 많이 가보려고 노력한다. 서울국제도서전에서 만난 『거인이 살고 있

책 내용보다 거인을 더 궁금해하는 듯한 아이들!

어요』는 아이들이 제일 좋아하는 책이다. 거인의 모습이 팝업으로 표현된 데다가 각 부분의 특징들이 잘 나와 있어, 이 책만 서가에 걸어놓으면 아이들이 우르르 달려온다. 귀도 당겨보고 주머니에는 뭐가 들었는지 하나하나 열어 본다. 아이들을 만난 지 하루 만에 거인은 몸살이 나서 서가에서 펄럭 떨어졌지만, 어린이 독자들은 집으로 돌아가 도서관에서 만난 거인 이야기만 계속했다는 후기가 들렸다. 그런 아이들에게 건네고 싶은 말 한마디가 있다.
"얘들아, 잊지 마! 책 속에는 거인도 요정도 살고 있어서, 책만 펼치면 언제든 만날 수 있어."

## 놀여 읽으여 자라는 아이들

학교에서 우연히 보드게임 젠가를 하게 된 세르게이가 어느 날 몰래 와서 젠가를 살 수 있는 곳과 연습하는 방법을 알려달라고 했다. 처음 한 젠가가 너무 재미있어서 더 잘하고 싶다는 것이었다. 도서관에서 활동하는 대학생들과 논의하여 연필 다섯 자루를 걸고 젠가 대회를 해보기로 했다. 네다섯 명으로 한 팀을 꾸려 팀마다 대학생이 한 명씩 들어가 젠가 규칙을 알려주고 연습을 돕게 했다. 그때였다.
우르르!

젠가가 무너지며 내지르는 아이들의 함성 때문에 평소 조용한 도서관이 들썩들썩, 서가도 들썩들썩 움직이는 듯했다. 우승한 비카는 상품으로 받은 연필 다섯 자루와 함께, 너무 기분이 좋은 나머지 무게를 고려하지 않고 빌린 그림책 다섯 권을 꼭 안고 집에 갔다. 그날 밤, 비카는 엄마에게 젠가 대회에서 1등 한 것을 자랑했겠지. 그리고 그림책을 한 권씩 읽어갔으리라.

나는 아이들과 프로그램을 시작할 때, 그리고 프로그램 마무리할 때마다 물어본다. "어른이 되어서 무엇을 하고 싶니?"라고 말이다. 책을 읽는 일은 그들이 어떤 어른이 될지, 어떤 꿈을 이룰지, 그 과정에서 아주 중요한 영향을 준다고 생각하기 때문이다.

도서 프로그램 초반에는 아이들 대부분이 가수나 아이돌이 되고 싶다고 답한다. 그러나 프로그램이 끝날 때면 꿈이 많이 다양해져 있다. 독후활동으로 그림 그리는 일이 재미있다는 것을 알게 된 베로니카는 디자이너가 되는 꿈을 꾸기 시작했고, 달리기를 아주 잘하는 니기타는 경찰관이 되겠다고 친구들 앞에서 당당히 발표했다. 마샤는 외과의사가 되기 위해 나눗셈을 더 열심히 하겠다고 했고, 까릴은 메시처럼 멋있는 축구선수가 되겠다고 했다. 우리는 이 소중한 소망들을 모아 '내가 어른이 되면'이라는 주제로 꿈보드를 만들었다. 어른의 몸과 자신의 얼굴을 콜라주한 이미지 옆에 저마다 어떤 모습으로 어른이 되어 있을지 적어보았다.

희망하는 직업인이나 좋아하는 포즈가 등장한 사진 위에 각자의 얼굴을 오려 붙여 한데 모아 꿈보드를 만든다

시간이 흘렀을 때 아이들은 이날을 어떻게 기억하게 될까? 시간이 더 흐르면, 아이들은 어떤 모습이 되어 있을까?

현재 이 아이들은 고려인으로 인정받지 못하고 외국인으로 분류되어 어느 정도 나이가 되면 태어난 나라로 가야 한다. 이 아이들이 다시 우리나라에 올 때까지 아이들이 남긴 '콜라주 꿈보드'는 잘 간직하고 있겠다고 약속했다. 그리고 올해도 내년에도, 그다음 해에도 우리 '책놀깜놀' 친구들이 꿈을 이루는 모습을 응원하고 지켜보겠다고 이야기했다. 도서관에 오는 아이들은 어른이 되어 어떤 일을 하고 싶어 하든 원하는 대로 될 수 있을 것이다. 그 길은 도서관에 있는 책이 가르쳐줄 테니까.

> **TIP** '내가 어른이 되면' 콜라주 꿈보드 만들기
>
> 아이들과 꿈에 대한 책을 함께 읽고 자신의 미래를 충분히 생각하는 시간을 보낸 다음 콜라주 꿈보드를 만들면 어떨까? 아이들에게는 멋진 자신의 모습을 구체적으로 그려볼 기회가 될 수 있다.
>
> ❶ 잡지에서 여러 포즈의 사람 모양을 잘라둔다.
>   (아이들은 모델이나 아이돌 사진을 좋아한다.)
> ❷ 독서 프로그램에 참여하는 아이들의 얼굴을 미리 찍어 프린트한다.
> ❸ 자신이 생각하는 미래 모습에 맞는 몸을 고르고, 프린트한 얼굴을 오린다.
> ❹ 얼굴과 몸을 합체하여 '내 모습 콜라주'를 완성한다.
> ❺ 콜라주 인간의 프로필을 작성한다.
>   (이름, 미래의 나이, 직업, 취미, 추천하는 책 등을 기록한다.)
> ❻ 콜라주 작품들을 전지에 붙이고, 아이들이 다른 참가자들에게 자신의 프로필을 소개하는 시간을 가진다.
>   (도서관에 전시한다면 효과 만점!)

# 돌보고 연대하는
# 공간이 되어

나는 우리 도서관을 재주 좋은 활동가가 많은 '사람 부자' 도서관으로 부르곤 했는데, 단지 활동가들 때문만은 아니다. 이곳은 보통 하루에 100명의 이용자가 오가고 그중 30명 정도는 매일 들르다시피 한다. 도서관 프로그램에 참여하거나 책을 빌리러 오는 책이웃들이다. 그런데 가끔 독서가 아닌 다른 일로 찾아오는 '손님'들과 이용자들이 있다. 그럴 때도 우리 도서관은 그들이 부담스럽지 않게 조용히, 그러나 온 마음을 열어 열렬히 환대하고, 새로이 이웃이 될 사람들에게 필요한 것이 없는지 살핀다. 쉬운 일은 아니지만 서로를 돌보고 연대하겠다는 마음이 있어 가능한 일이다.

## 새로운 이웃, 난민

어느 날 도서관에 어른 셋과 아이 셋이 찾아왔다. 모두 망토같이 생긴 누더기를 둘러 입고 있었고 냄새로 짐작하건대 오랫동안 떠도는 생활을 한 듯했다. 중동에서 온 할머니와 엄마, 아빠, 아이들로 구성된 가족으로 보였다. '안녕하세요.'라고 말을 건네도 전혀 반응이 없고, 아이들에게라도 필요한 것이 없는지 살펴보려 내가 조금 움직이니 두려워하는 표정으로 변하는 것을 느낄 수 있었다.

오전 내내 가족들은 의자 끝에 걸터앉아 있었다. 서로 말 한마디 하지 않았고, 돌돌 말고 있는 옷에서 손 한번 꺼내지 않았다. 가끔 며칠 일을 못 구한 분들이 노숙을 하다가 도서관에 오기도 하지만 여섯 명이나 작은 공간에 있으니 나도, 다른 이용자들도 괴로웠던 시간으로 기억한다. 그러나 누구 하나 얼굴을 찌푸리거나 힘든 내색을 하지 않았다.

오후가 되었다. 대여섯 살 정도 보이는 제일 작은 아이가 일어나 서가를 둘러보더니, 아랍어로 되어 있는 책 한 권을 꺼내서 자리로 가는 것이었다. 얼마 후 다른 두 아이도 슬그머니 일어나 책을 고르고는 자리에 앉아 읽기 시작했다. 어른들은 아이들이 책 읽는 모습을 보며 시간을 보냈다. 정수기에서 물도 마시고 다른 책을 꺼내기도 하면서 여느 이용자처럼 자연스럽게 도서관에 어울리게 되었다.

그들과 비슷한 시간에 도서관을 찾은 이용자 한 분을 통해서 그 가족이 난민 신청자라는 이야기를 후에 들었다.

나는 『내 이름은 욤비』라는 책을 통해 난민들이 단지 가난 때문에, 경제적인 이유만으로 태어난 곳을 떠나는 건 아니라는 사실을 알게 되었다. 종교적 신념이나 정치적 의견이 다르다는 이유로 가해지는 핍박을 피해 삶의 터전을 옮길 수밖에 없는 사람들. 자신들의 존엄을 지키기 위해 용기를 내어 길을 떠난 사람들이 우리 곁으로 온 것이다.

그 뒤로 몇 번, 처음에 일어나 책을 꺼내 읽었던 아이가 아빠의 손을 잡고 도서관을 찾았다. 깨끗한 천으로 감싼 얼굴을 보니 커다랗고 반짝이는 눈빛은 그대로였다. 그렇게 그들은 도서관 사람들의 새로운 이웃이 되었다.

### 친구를 위해 팔 걷어붙이기

알렉스는 러시아 청년으로, 야간근무를 하는 친구라 오전에는 항상 도서관에 와서 책을 읽고 3시쯤 일을 하러 간다. 그런데 어느 날부터 행색이 조금씩 안 좋아 보이더니 내가 퇴근하는 6시가 되어도 일하러 가지 않고 도서관에 있는 것이었다. 물어보니 월급이 3개월 밀렸다는 대답이 돌아왔다. 얼마 전부터는 지내던 고시원에서도 쫓겨나 도서관 옆 은행 ATM박스에서 눈을 붙였다가 도서관에 온다고 했다.

매일 오시는 중국 동포 할아버지들이 몇천 원씩 걷어 밥이라도 사 먹으라며 건네도 알렉스는 절대 받지 않았다. 이용자들과 명예사서들과 논의한 끝에 다행히 무료로 운영되는 안전한 쉼터를 연결해줄 수 있었다. 조건 없는 호의로 건네는 돈은 알렉스가 한사코 거절하니 대신 환경 단체에서 받아놓은 조류 컬러링 달력을 색칠하기로 했다. 수고비는 장당 오천 원. 할아버지들과 도서관 사람들이 조금씩 걷은 돈이었다. 알렉스가 심적으로 많이 불안해 보였는데 컬러링이 도움된다 하여 이렇게 결정한 것이었다.

다행히 알렉스는 잠을 편하게 잘 수 있어 점차 안정되었다. 초반에는 검은색과 갈색이 대부분이었던 컬러링 달력도 나중에는 다양한 색상으로 화려하게 꾸며졌다. 도서관 사람들 모두가 한 청년에게 마음을 내어준 덕분에 가능했던 일이다. 알렉스는 지금 러시아로 돌아가 현지 레스토랑에서 일을 하고 있다. 거기서도 책을 많이 읽고 있냐는 내 메시지에 스마일 이모티콘이 답변으로 돌아왔다.

## 우리 모두가 무사하기를

새벽 4시쯤 열리는 인력시장에서 일을 구하지 못할 때마다 도서관에 와서 신문도 보고 책도 읽던 이용자 한 분이 도서관으로 전화를 했다. 잠깐 만날 수 있겠냐는 연락이었다. 평소에는 말이 없지만 도서관 앞 나무에 새집을 달 때도, 출입문이 많이 삐거덕거릴 때도, 묵묵히 도와주신 분이다.

도서관 앞 편의점에서 그분을 보니 그동안 편안하지 못한 생활을 했다는 걸 알 수 있었다. 흰 수염도 듬성듬성했고, 무엇보다 많이 마르신 것 같아 걱정되었다.

"오늘은 뭘 먹어야 되겠다고 생각하고…… 돈을 좀 빌리고 싶어 전화를 했습니다."

팬데믹 상황에서 일자리가 많이 줄었다는 이야기에 가슴 한가운데가 바늘로 콕콕 찌르듯 아파왔다. 그분은 3년 전쯤에도 돈을 빌리러 도서관에 뛰어 들어온 적이 있었다. 고시원에 같이 지내는 친구가 급성 장염으로 급히 병원에 가야 했는데, 카드도 현금도 없어서 도서관에 왔다는 것이다. 상황이 너무 급해 도서관에 있었던 이용자 한 분과 함께 돈을 빌려 드렸다. 나중에 친구분이 회복하고 함께 도서관에 찾아오신 기억이 났다.

자리를 마치고 함께 나눈 커피 컵을 정리하려고 보니 아직도 커피가 반 이상 남아 있었다. 요즘처럼 모두가 고립되고 뜻하지 않게 격리되는 상황에서 많은 사람이 어려움을 겪고 있고, 나 또한 그 소용돌이 한가운데에 놓여 있다. 이주민의 생활은 더욱 힘들겠다는 생각이 들었다. 일자리를 잃는 일이 많고 마음을 나눌 누군가를 만나기도 어려운 상황이다. 얼른 이 어려운 시기가 지나가길, 그리고 도서관에서 웃으며 서로의 안부를 묻는 날이 오길 간절하게 바라는 오후였다.

## 서로를 다독이는 '도서관'이라는 공간

도서관에 오는 사람들의 절반은 이주노동자이며 대부분 혈혈단신으로 우리나라에 와 있다. 어떤 사람들은 집에 혼자 있으면 말 한 번 하지 않을 때가 있는데 그나마 도서관에 와서 사람들과 이야기도 나누고, 월급 타는 날이면 중국의 유명한 사탕이라도 사서 도서관에 들어설 때가 가장 즐겁다고 이야기한다.

이용자들에게 언제나 열려 있는 곳, 갈 때마다 서로를 반기며 인사를 나누는 곳, 한구석에 앉아 힘들었던 하루를 내려놓고 마음을 추스릴 때 아무도 방해하지 않는 편안한 곳이 도서관이라고 생각하는 사람들. 비슷비슷한 처지를 알기에 서로를 애틋하게 생각하는 이들을 만난 일이 참 다행스럽게 느껴지는 요즘이다. 나 또한 누군가에게 우리 도서관 같은 사람이 될 수 있을까? '내가 따뜻한 사람이 되어야겠다'는 생각을 더 자주 곱씹어야겠다. 서로를 다독이는 따뜻한 마음이 나에게서 먼저 퍼져 나갈 수 있게 말이다.

**사서의 밑줄 3**

# 지역 공동체와 손잡고 나아가기

다문화작은도서관은 위치한 지역과는 떼려야 뗄 수 없는 존재이다. 서로 다른 언어와 문화를 가진 이용자들이 함께 모일 수 있는 공간이자, 그 '다름'을 배경으로 사람들과 함께 만들어나가는 성장체이기 때문이다.

또한 '작은'이라는 말에는 만나고, 모이고, 연대해야 한다는 의지가 필연적으로 담겨 있다고 생각한다. 규모가 작은 공동체일수록 만나는 한 사람, 한 사람이 소중하게 여겨지고, 이야기 하나하나가 잘 들린다. 그 속에서 함께 할 수 있는 것들을 찾아내기만 하면 어마어마한 시너지가 생겨난다. 이 모든 것은 도서관이라는 장소에서 이루어지고, 도서관은 기본적으로 지역을 기반으로 한다. 우리가 지역과 협력해야 할 당위성이 여기에 있는 것이다.

## 공간을 공유하며 이웃이 되다

도서관에서 지역 협력을 하는 방법은 여러 가지가 있다. 공간을 공유하면서 협력이 이루어질 수도 있고, 같이 프로그램을 진행하면서, 또는 지역의 인력과 자본을 지원하고 나누면서 하나의 도서관에서는 절대 이루지 못할 성과들을 만들어낸다.

우리 도서관은 공간이 작다는 핸디캡을 이점으로 살리려고 노력하였다. 먼저 지역의 여러 공간에 대해 알아내고 공유하는 법을 배워간 것이다. 도서관에는 프로그램실이 따로 없었기 때문에 어떤 프로그램을 할지 기획하고 나면 운영할 장소부터 찾는 것이 일이었다. 23평의 열람실도 추가된 서가로 빽빽한 데다가 하루 평균 100명의 이용자가 오고 가기 때문에 도서관 안에서 프로그램을 진행하는 것도 어렵다. 그래서 필연적으로 주위의 많은 기관과 연결하고, 공간을 대여해야만 했다.

행사가 적은 달에는 이웃 다문화기관이나 지역 교회 회의실, 주민센터의 빈 공간을 어렵지 않게 사용할 수 있었다. 하지만 5월, 9월, 10월이 되면 조그마한 공간조차 구하기가 어려웠다.

한번은 도서관에서 가까운 거리에 있는 인력사무소에서 독서동아리 모임을 한 적이 있다. 미리 잡아두었던 회의 공간에 갑자기 공식 일정이 생기면서 동아리 사람들이 도서관 앞에서 우왕좌왕하게 되었는데, 평소 인사하고 지내던 인력사무소 과장님에게 부탁하여 급히 사무소를 방문하게 된 것이다.

땀 냄새와 담배 냄새가 찌든 소파에 앉아 2시간 동안 그림책을 읽었다. 낯설고 어색했지만 공간이 주는 생경함은 우리가 평소에는 생각하지 못한 것들을 떠올리게 했다. 우리가 자고 있는 새벽 4시경이 여기 인력사무소는 가장 바쁜 시간이라는 사실을 알게 되었고, 여기서 일자리를 못 구하는 날 도서관에서 책을 읽으며 시간을 보내는 몇몇 분들의 얼굴을 알게 되었다. 과장님은 도서관에서 이런 활동이 있는지 몰랐다고 하면서, 앞으로 도서관 홍보물이 있으면 사무소 앞에 붙여주겠다고 했다. 그 뒤로도 우리는 몇 번 그 사무실을 이용하였다. 우리 도서관은 이름처럼 '작은' 도서관이지만 안산 곳곳에 '분관'을 갖춘 셈이기도 했다.

## 다른 도서관과 연결되기

안산에는 10개 넘는 작은도서관들이 협의회를 이루고 같이 활동을 한다. 함께 도시의 책문화축제 프로그램을 기획하여 운영하기도 하고 안산시에 작은도서관에 대한 정책을 제안하기도 한다. 그리고 지역 전문가와 활동가들이 중심이 되어, '안산의제21'에 도서관특별분과를 구성해 독서문화 진흥을 위한 의제들을 발굴하고 그 실천 방법을 논의하고 있다. 이러한 활동에 우리 도서관도 적극적으로 참여했다.

처음, 네트워크 활동에 함께하자고 했을 때는 선뜻 나서기가 힘들다고 이야기하는 사람들이 많았다. 이주민이기 때문에 자신들의 이야기가 잘 전달될지도, 활동을 통해 나오는 이야기들을 잘 이해할 수 있을지도 걱정된다는 것이었다. 충분히 이해가 되었다. 나는 이주민이든 선주민이든 우리 모두는 낯선 모임에서 누구나 어색하고 긴장하기 때문에 이주민이라는 이유로 걱정할 필요는 없다고 진심을 다해 전달했다.

이용자들은 조금씩 지역 네트워크 활동을 하기 시작했고, 어디를 가나 이분들이 가지고 있는 재능과 다양성이 빛을 발하였다. 안산시 책문화축제에서는 지구별 책여행을 안내하는 부스를 열고 시간마다 다양한 구연동화를 재현하여 지역의 아이들과 만났다. 416가족협의회와 416공방, 그리고 안산의 이웃들이 함께하는 '엄마랑 함께하장'에서도 동아리회원들이 손수 짜서 만든 행운실팔찌를 선보이기

안산시 책문화축제에서 구연동화를 하는 이용자들

도 했다. 이렇듯 도서관의 이용자들은 도서관을 매개로 하여 지역으로 활동 반경을 넓히고 '다문화인'이 아닌, 지역주민의 한사람으로 자리매김하고 있다.

**학술의 보고, 대학 도서관 방문기**

도서관이 지역과 손잡는 방법으로 지역 대학 도서관과 함께 프로그램을 기획하고 운영하면서 시너지를 가져온 경우도 있다. 2016년 여름이 시작될 무렵, 안산에 있는 한양대학교 에리카캠퍼스 학술정보관과 함께 '길위의 인문학' 프로그램을 기획하였다. '동네 작은도서관에서 대학 도서관까지'라는 프로젝트로 이주노동자, 결혼이주민, 청소년, 어른, 아이 모두가 우리 도서관에서 캠퍼스까지 함께 간 다음 대학생들을 만나고, 학술정보관을 탐방하는 기획이었다. 같이 걸으면서 안산 곳곳도 구경하고 지역주민들이 생활하는 공간을 실제로 만나보자는 취지였다. 2시간 남짓 같이 걷는 길에서 우리는 계속 이야기를 나누었다. 누군가가 어떤 건물에 대해 물어보면 그 건물을 아는 사람이 해설자가 되어 이야기를 했다.

이야기를 나누며 도착한 학교에서 '다양성의 시대-경계 넘기'라는 주제로 강의도 들었다. 캄보디아 노동자들이 많았기 때문에 캄보디아어 통역도 미리 준비하여 진행이 매끄러웠다. 강연이 끝나고, 학생들로 구성된 서포터즈의 안내를 받아 대학 캠퍼스를 둘러보기도 하였다. 이 프로그램의 하이라이트는 아무래도 대학 도서관에 방문하는 것이었다. 학술정보관은 평소 외부인은 들어갈 수 없는 곳이라 그런지 이곳에서 참가자들의 표정이 유난히 밝았다.

마지막 소감을 나누는 시간이었다. 근처에 대학교가 있는데 와볼 생각을 못 했다는 이야기도 있었고, 고국에 돌아가면 대학 도서관이 어디 있는지 찾아서 가보고 싶다는 이야기도 나왔다. 그중 한 청년의 이야기가 아직도 생생하다. '형편이 어려워 고등학교도 못 마치고 일하러 한국에 왔다'는 그 청년은 고향에 돌아가면 다시 공부를 해서 꼭 대학을 가고 싶다고 했다.

나를 포함하여 도서관에 오는 사람들은 도서관을 '다문화'라는 이름이 붙은 특별한 곳이라고 생각하지 않았던 것 같다. 가까운 곳에 있으니 오가며 들르는 곳이 되었고, 이주민이 많이 사는 지역에 있으니 자연스럽게 다양한 사람과 문화가 모이는 곳이 된 것이다. 도서관과 지역 협력도 같은 맥락에서 바라보면 어떨까. 우리가 '다문화' 도서관이라서, '작은' 도서관이라서 다른 이들의 도움을 '받아야' 한다고 여기기보다, 우리 스스로 우리의 공간에 먼저 자부심을 갖고 상대방과 동등한 눈높이에 있다는 사실을 잊지 않았으면 한다. 더 큰 시너지를 만들기 위해 누구나 협력을 요청할 수 있고 또 협력의 주체가 될 수 있다. 앞으로도 우리 주위의 여러 도서관에서 이런저런 프로그램에 참여할 이용자들이 이웃들과 그저 편안하게 어울리며 지역사회에 녹아들었으면 하는 마음이다.

4장

# 더 많은 경계를 허물고

• •

많은 책이웃들이 멀고 가까운 곳에서

저마다의 길을 걸어 이곳으로 도착했듯

우리 도서관에서도 그들의 나라를 방문할 기회가 있었다.

어쩌면 세상 모든 도서관은 하나로 연결되어 있지 않을까?

# 캄보디아로 띄워 보낸 작은 씨앗

우리 도서관에서 함께 책 읽기를 한 캄보디아 청년들이 '큰일'을 냈다. 수도 프놈펜에 도서관을 만들고 한 달에 1달러씩 모아 도서관을 운영하기로 한 것이다. 이 소식을 들은 도서관 이용자들과 결혼이주민들도 책을 모으고 1,000원씩 기부하여 캄보디아에 조성되는 도서관을 지원하기로 했다. 우리 도서관에서 과연 어떤 일들이 일어난 것일까?

## 이주노동자의 고향에도 파닥파닥! '날개 달린 도서관'

앞 이야기들에 몇 번 언급한 적이 있는데, 우리 도서관에서는 이주노동자들과 함께 '날개 달린 도서관' 프로그램을 운영하였다. 낯선 환경과 언어적 한계로 어려움을 겪는 이들이 자국의 책을 읽으며 안정감을 찾고, 꿈을 이룰 수 있게끔 독서로 날개를 달아주자는 취지에서 2014년부터 시작한 프로그램이다. 이중 캄보디아 이주노동자들과 함께하는 날개 달린 도서관이 가장 활발하게 운영되었다. 자국의 책을 함께 읽고 격주로 모이는데 때로는 팀을 나누어 인물들 입장에서 열띤 토론을 벌이기도 한다.

참가자 대부분이 교과서 말고는 책을 읽은 경험이 거의 없는 청년들이어서 프로그램은 항상 책 이어 낭독하기로 시작한다. 이 짧은 시간에도 참여자들은 최선을 다해 또박또박 책을 읽는다. 이들의 책 읽는 소리를 듣는 시간은 내가 제일 행복해하는 때이기도 하다. 참가하는 이주민은 스무 명 남짓으로 20대 초반의 청년들이 대부분이다. 그중에는 편찮으신 부모님을 부양하거나 동생의 수술비를 벌기 위해 나이를 속이고 한국에 온 사람들도 있다. 이 가운데 열일곱, 열여덟 살 앳된 이용자들이 가장 적극적으로 책을 읽고 독후활동에 참여한다. 책만 읽으면 이렇게 즐거울 수 있다는 것을 처음 알았다고, 2주일 동안 이 시간을 제일 기다린다고 그들은 이야기한다. 어쩌면 자신들이 찾고자 하는 파랑새를 책 속에서 보았는지도 모른다.

## 한겨울 미나리도 막지 못한 독서 열정

캄보디아에서 온 노동자들은 대부분 농업 현장에 취직한다. 충청도의 버섯 농장으로, 경기도의 미나리밭으로, 전라도의 인삼밭으로……. 작년 겨울이었다. 멀리서도 책을 잡은 스레이니의 손이 유난히 붉어 보여, 프로그램이 끝나고 그이에게 물어보았더니 미나리밭에서 일을 한다는 것이었다. 한겨울에 미나리 농사라니! 언뜻 이해되지 않아서 핸드크림을 손등에 잔뜩 발라주고는 스레이니의 맞은편에 앉았다. 미나리 캐는 일은 조금 힘든 쪽에 속하는데, 다른 일보다 월급을 많이 주기 때문에 인기가 있다고 했다.

한겨울 미나리밭의 일은 꽝꽝 얼어붙은 얼음을 깨는 것부터 시작한다. 새벽 어둠을 헤드라이트로 밝힌 채, 얼음을 깨고 물 속에 들어가 미나리를 자르고 이를 밭 사이사이에 떠 있는 바구니에 담아 80킬로그램이 되면 뭍으로 끌어올린다고. 이 일은 하루에 12시간씩 계속되기도 한단다.

캄보디아에서 온 이용자들은 그 힘든 노동을 끝내고 쉬는 대신 책을 읽으러 왔고, 독서 경험을 나누는 활동까지 꾸준히 참여했던 것이다. 이 마음, 이 정성이 훗날 어떻게든, 어떤 모습으로든 그들의 고향까지 닿을 수 있다면 좋겠다는 생각이 들었다. 뜻밖에도 그 만남은 한국에서 먼저 이루어졌다.

## 너희가 모두 내 아이들이다!

2016년 4월 무렵이었다. 국내 NGO 단체가 우리나라 전래동화를 번역해 해외 초등학교에 보급하고 독후감대회를 열어, 입상한 캄보디아 어린이 두 명과 학교 교장선생님들을 초빙했다. 우리 도서관의 '날개 달린 도서관'에 참여하고 싶다고 하여 자연스럽게 이주노동자들과 두 어린이, 두 교장선생님이 함께 낭독을 하게 되었다. 책을 읽어 나가는데, 목소리들이 점점 줄어들더니 급기야는 모두가 흐느껴 울어 진행할 수 없을 정도가 되었다. 아이들은 고향 어른들을 보니 집에 있는 엄마와 할머니가 보고 싶다고 울고, 노동자들은 집에 두고 온 아이들이 보고 싶어 눈물을 흘렸다. 프로그램을 마칠 즈음에 노동자들이 돈을 모아 아이들에게 수줍게 내밀었다.

"집에 가는 길에 맛있는 것 사 먹어. 너희가 모두 내 아이들 같다! 우리 아이들도 너희처럼 책 많이 읽고, 훌륭하게 자랐으면 좋겠다."

그때까지 참고 있던 눈물이 한 번에 터져 나왔다. 함께 있던 노동자들이 내게 휴지도 가져다주고 어깨를 다독거리는 지경에 이르렀다. 우리 도서관에서 '사서 하기를 참 잘했다'는 생각이 밀려드는 오후였다.

## 아무래도 도서관이 필요한 것 같습니다!

고된 노동에도 책과 도서관을 향한 애정을 놓지 않은 캄보디아 이용자들, 고향의 그리움을 함께 나누었다는 이유만으로 처음 본 아이들에게 마음을 내준 따뜻한 사람들……, 그들이 이 '무모해 보이는 도전'을 생각해 낸 건 우연이 아닐지도 모른다.

날개 달린 도서관에 참가하는 사람은 한 번에 대략 스무 명 정도다. 앞서 얘기한 것처럼 참가자 중에 95퍼센트의 이주노동자가 캄보디아에서는 도서관에 가본 경험이 없으며 한국에 와서 우리 도서관을 통해 처음으로 도서관을 이용하는 사람들이다. 책 읽기가 낯선데다 "수고롭게 책 읽기를 왜 할까?"라는 의구심을 가졌던 청년들이 막상 책을 접하자 빠른 속도로 독서의 즐거움에 빠지는 경우를 종종 보았다. 프로그램이 끝나면 스무 명 중 다섯 명 정도는 도서관에서 책을 빌려 간다. 그 다섯 명 중 한두 명은 이 주일에 한 번 정도 도서관을 꾸준히 찾는 독서가가 되는 것이다. 그들이 모여 이번에 '큰일'을 냈다.

부모님 가게 옆 방이 비어 있으니 그곳에 동네 아이들이 자유롭게 드나들 수 있는 도서관을 만들고 싶다고 말했던 라찌나, 언젠가는 자신이 졸업한 초등학교에 자기 이름이 붙은 도서관을 만들고 싶다던, 지금은 안산 시민이 된 티다, 이들의 희망이 모여 드디어 프

캄보디아에 도서관을 짓기로 한 자랑스러운 청년들

프놈펜에 작은도서관을 조성하는 프로젝트가 가동되었다. 한국에서 일하고 돌아간 이주노동자들이 프놈펜에 안산과 연대할 수 있는 단체를 만들고 그 공간에 도서관을 열겠다고 결심한 것이다.

"선생님, 아무래도 도서관이 있어야 할 것 같습니다. 선생님의 도움이 필요합니다."

이주노동자들 한 사람이 1만 원씩 모아 나의 왕복 항공권을 지원하였다. 2017년 2월 16일, 나는 캄보디아로 날아갔다. 우선 도서관을 열기 위해 필요한 물품 목록을 만들고 한국에서 캄보디아로 귀환한 노동자들을 중심으로 책을 기증받기로 했다. 한국에서는 우리 도서관이 앞장서 현지에서 필요한 한국어 관련 도서, 그림책, 한국 생활에 필요한 생활 정보가 담긴 책 등을 모으기로 했다.

도서관의 안정적인 운영을 위해 귀환노동자들이 한 달에 1달러씩, 한국에 있는 캄보디아 이주노동자들이 1,000원씩, 우리 도서관 이용자들도 1,000원씩 기부하기로 했다. 캄보디아에서 시집온 엄마들도 발 벗고 나섰다.

도서관 이름은 '모이돌라'로 정했다. 캄보디아어로 1달러라는 뜻이다. 작은 씨앗 자금이지만 캄보디아 방식으로, 캄보디아 사람들이 끌어가는 것이 맞다고 생각했다.

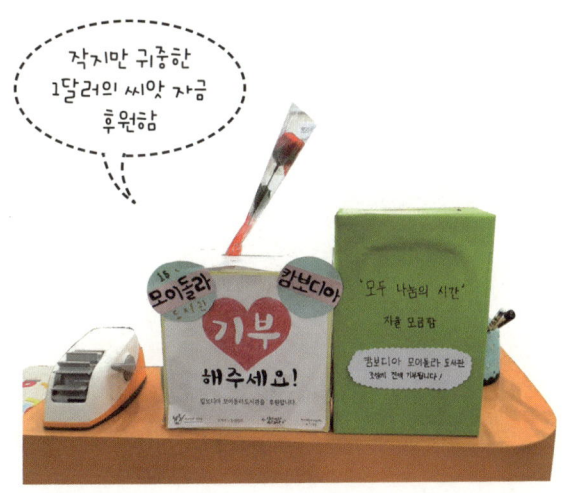

도서관의 필요성을 스스로 느끼고, 도서관 조성 계획과 운영 방안을 주체적으로 생각해내는 일은 어떤 거대한 사업을 기획하는 일보다 큰 의미가 있었다. 캄보디아의 어린이들과 청소년들은 이런 마음들을 통해 훌륭한 스승을 만나고, 강인하고 아름다운 자기 모습을 발견해내며, 빛나는 캄보디아의 미래를 함께 그려갈 수 있지 않을까?

# 모이돌라 작은도서관의
의미 있는 날갯짓

'모이돌라도서관 조성 준비모임'이 만들어지고 주기적으로 만나서 활동하기 시작한 지 만 2년째 되던 해, 드디어 캄보디아의 수도 프놈펜에 작은 공간이 생겼다.
그동안 국내 큰 도서관과 지자체 등에서 후원 의사를 밝히기도 했지만 모임에서는 '스스로 만들어보기로' 결정했다. 모이돌라 작은도서관은 오랜 기다림 끝에 이루어진 꿈이자 우리 힘으로 만들어 갔다는 자부심이기도 했다.

## 1달러의 기적, 우여곡절 끝에 실현되다

여행자거리와 크고 작은 은행이 있는 프놈펜 중심부에서 차로

책과 필요한 물품을 바리바리 싸 들고 캄보디아에 도착!

20분 정도 걸리는 거리에 공단이 있다. 공단 옆에는 노동자들의 거주 지역이 있는데, 모이돌라 작은도서관은 그곳 2층 건물에 꾸려졌다.

이곳은 한국에서 이주노동을 끝내고 고향에 돌아온 친구들이 언어를 잊지 않게 한국어 수업도 하고, 한국으로 일하러 가고 싶은 친구들에게 자신들의 경험을 나누는 커뮤니티 역할도 했다. 그들에게 필요한 책들을 구비해 도서관으로 조성하고 공간을 관리하는 상근자도 모집하였다.

그러나 우리가 처음 생각한 만큼 도서관이 차근차근 조성된 것은 아니었다. 프놈펜은 물가가 하루가 다르게 오르는 곳으로, 집주인은 1년 단위로 임대 계약을 하지 않고, '주위 시세를 보고 매달 월세를 정한다.'라고 했다. 그럼에도 그곳으로 계약할 수밖에 없었던 이유는 월세가 한 달 200달러로 인근에서 제일 저렴했고, 설령 오른다고 해도 2~3개월 안에 2배 넘게 오르리라고는 예상하지 못했기 때문이다.

급격히 오르는 물가보다 더 힘든 점이 있었는데 도서관이라는 간판을 걸려면 '영업'이 되니 지역 공무원에게 우리나라 돈으로 1,800만 원을 내야 한다는 것이었다. 독서를 장려하고 도서관을 지원하고자 하는 우리나라와는 완전히 다른 환경이었다. 그래서 밖으로 간판을 걸지 않고 무슨 비밀 단체인 양 사람들의 입소문을 통해 활동해야 했다. 그동안 우리 도서관은 귀환한 이주노동자들이 필요하다고 했던 도서 리스트를 정리하고, 함께 책을 모아서 캄보디아로 돌아가는 친구들에게 들려 보냈다.

## 새로운 비상을 꿈꾸는 캄보디아 책친구들

하지만 아쉽게도 모이돌라 작은도서관은 6개월을 못 채우고 문을 닫아야 했다. 그동안 월세는 600달러가 넘었고, 사람들이 모이는 것을 수상히 여긴 지역 공무원들이 주변을 탐문하기 시작한 것이다.

지식인, 정치인뿐만 아니라 노동자, 농민, 어린아이까지 희생된 킬링필드의 역사를 아직 완전히 떨쳐버리지 못한 현지인들은 움츠러들 수밖에 없었다. 책모임을 하면 나누어 준 인쇄물과 필기구를 그대로 두고 가는 이용자들이 많았다. 처음에는 버리고 가는 것이라 생각하여 상처를 받은 적도 있었지만, 그들의 역사를 알아가면서 아직 시대의 아픔으로부터 회복되지 못한 현실을 이해하게 되었다. 도서관이 문을 닫았다고 해서 모든 노력이 물거품으로 끝난 것은 아니었다. 우리는 아직도 모이돌라도서관에 대한 꿈을 마음 깊이 간직하고 있다. 날개 달린 도서관 책모임이 끝날 때쯤이면 '우리 고향에도 작지만 책을 읽을 수 있는 도서관이 있었으면 좋겠다.'라고 이야기하는 사람들이 꼭 생겨났다. 동생들이 다니는 학교에도 도서관이 생기길 기대하는 참여자도 많았다.

작은도서관 조성을 준비하며 캄보디아 청년들이 프놈펜 캄보디아 국립도서관을 찾아가 사서를 만난 경험 또한 이번 일로 얻은 귀한 시간이다. 청년들은 자기 나라에 이렇게 근사한 도서관이 있다는 사실을 처음 알게 되었다고 했다. '국립'이라고 붙어 있는 공간을 이렇게 친근하게 느끼기는 처음이라는 얘기도 전해주었다. 독서 프로그램이 열리면 알려달라고 사서에게 연락처를 남기기도 하였다. 나는 국립도서관 사서선생님에게 언제나 밝은 미소로 이 친구들을 맞아달라고 부탁했다. 청년들이 국립도서관에 오려면 오토바이를 타고 2시간 넘게 달려야 하지만, 이들 중 몇 명은 동생들을 태우고 즐겁게 도서관으로 향할 것이다.

## 다시 날아오를 그때를 기약하며!

모이돌라 작은도서관은 오랜 준비와 기다림 끝에 이루어진 우리의 꿈이다. 함께 준비하면서 나눈 희망과 바람들은 우리의 마음 한가운데에서 새로운 기회를 기다리는 중이다.

우리 도서관에서 만난 이주노동자들과 결혼이주민들, 이용자들, 고향으로 돌아간 귀환 노동자들의 힘만으로 새로운 도서관을 만들었다니! 그 사실만으로도 우리는 행복했고, 스스로를 자랑스러워했다.

프놈펜에서의 날갯짓은 잠시 멈춰 있지만 우리가 언제든 힘차게 날아오를 수 있다는 사실을 모두는 알고 있다. 꿈을 잊지만 않는다면, 머지않아 날개를 쫙 펼칠 날을 만날 수 있지 않을까?

# 네팔에서 만난 책과 사람

2018년 1월 7일부터 17일까지 11일 동안 이웃 기관들과 함께 네팔의 학교와 학교도서관을 다녀왔다. 아직은 작고 정돈되지 않은 곳이 많았지만, 그곳에서 자신들의 꿈을 이루고자 눈을 반짝이는 아이들을 만났다. 그들은 학교도서관을 통해 신분을 초월한 희망을 피워 올리고 있었다.

## 길을 떠나기 전, 먼저 책으로 여행을!

2017년 가을부터 네팔 방문을 계획하면서 도서관에서는 네팔 책을 구입하고, 네팔 '책친구'들을 맞이할 준비를 했다. 책을 읽으러 오는 네팔 사람들에게 그곳의 날씨, 생활과 문화를 물어보기도 했다. 네팔 하면 안나푸르나, 히말라야가 떠올라서 엄청나게 추운 곳이라 생각했는데, 겨울이 우리나라보다 훨씬 따뜻한 곳이라는 이야기를 듣고 깜짝 놀랐다.

친구들을 통해서 「레썸삐리리」라는 네팔 민요도 배웠다. '비단이 바람에 휘리릭'이라는 뜻을 가진 이 노래는 도서관에 오는 네팔 사람들의 핸드폰 벨소리로 울리기도 하여 나에게도 친숙했다. 우리나라의 「아리랑」처럼 네팔 사람들이 사랑하는 곡으로, 지구별 여행자 대화 모임에서 네팔 청년들이 부르기로 했던 바로 그 노래이다. 네팔에 관한 책과 여행기도 몇 권 읽었다. 그중 『네팔은 여전히 아름답다』를 쓴 서윤미 작가가 SNS 친구임을 알고, 네팔에서 만나기로 약속을 잡았다. 책에 직접 사인도 받고 책 내용에 대해 이야기도 해보는 일대일 저자와의 만남, 생각만 해도 너무 멋지지 않은가!

## 23시간 안에 도착한 카트만두

네팔의 수도 카트만두로 가는 비행기를 타기 위해 새벽에 공항으로 향했다. 네팔까지 한 번에 가는 비행기는 하루에 한 대밖에 없기 때문에, 우리 일행은 방콕을 거쳐 카트만두에 가는 여정으로 움직였다.

카트만두에 도착하자 경전이 적힌 오색 깃발들을 매어놓은 룽다와 다르촉이 바람에 나부끼며 우리를 환영하고 있었다. 첫날은 우리나라에서 이주노동을 마치고 네팔로 귀환한 사람들이 준비한 환영 파티에 참석했다. 도서관에서는 듣지 못했던 이야기가 밤새 이어졌다. 무엇보다도 네팔은 종이가 귀한 곳인데 우리나라에서는 어디를 가나 책과 인쇄물, 종이가 흔해서 신기하다고 했다.

세상의 모든 종교가 평화롭게 균형을 이루고 있다는 네팔. 실제로 힌두교와 불교의 대표 성지가 다 이곳에 있다. 신분제인 카스트 제도 아래에서 자신들의 신분을 하나의 업으로 여기며 살아가는 사람들. 국민총생산액의 가장 큰 부분이 이 나라의 아버지, 아들 들이 외국에서 이주 노동으로 벌어오는 돈이라는 이곳. 그래서인지 네팔에서 만난 사람들은 모두 신과 사람을 그리워하는 큰 눈망울을 하고 있었다. 이곳에서 어떤 사람들과 어떤 이야기들을 만나게 될까?

## 요즘 세상에 '불가촉천민'이라고?

문재인 대통령이 2016년에 네팔을 방문했을 때 머물렀다는 마야 거르츄 게스트하우스에 첫 여장을 풀고, 우리는 다시 새벽 6시에 버스를 탔다. 5시간 넘게 꼬불꼬불한 비포장 산길을 지나니 고르카 타플레 마을이 나왔다. 첫 공식 방문지인 너야조티초등학교 앞마당에 학생들과 마을 주민들이 모두 나와서 우리를 기다린다는 소식을 전해 듣고는, 잠시도 쉴 수가 없었다.

너야조티초등학교가 있는 마을은 불가촉천민이 사는 곳이다. 불가촉천민은 가장 가난하고 낮은 계급이라 접촉할 수 없는 사람들이라는 의미이다. 요즘 세상에 이런 계급 구분이 있을까 하지만 이곳에서는 꽤 엄격하게 지켜지고 있다. 굴레에서 벗어나기 위해 아이들은 학교에 나와 공부를 하고 꿈을 넓혀간다.

우리가 도착했을 때는 50여 명의 전교생이 자신들이 앉아서 공부하던 의자와 책상을 꺼내 오느라 분주했다. 책상과 의자가 모두 운동장으로 나온 후에야, 한참을 서서 우리를 맞아주었던 아이들의 가족들과 이웃들도 그곳에 앉았다.

마을 사람들은 아이들의 어머니, 할아버지, 할머니 들뿐이었는데, 남자 어른은 모두 외국으로 돈을 벌기 위해 떠났다고 했다. 줄곧 나의 손을 잡고 따라다니던 아이에게 물어보니, 태어나서 아버지를 한 번도 만난 적이 없단다. 하루빨리 아버지가 집에 오면 좋겠다고 하면서 꼭 안아주었다.

한국에서 가져간 책과 문구를 가방에서 꺼내기 위해 다시 들렀던 교실. 텅 빈 교실 바닥에는 그들이 읽고 보는 교과서와 책들이 마치 아이들이 앉아 있는 것처럼 가지런하게 놓여 있었다. 아이들이 얼마나 이 책들과, 이 교실에서 하는 공부를 소중히 여기는지 느낄 수 있었다.

네팔 주민들에게 줄 털모자, 옷, 축구공, 학용품 등을 가지고 오기 위해 개인 짐을 최소화해야 하는 가운데서도, 작은 그림책 몇 권을 꼭꼭 챙겼다. 아직 도서관을 만들 여유가 없는 곳이었지만, 이 책들이 씨앗이 되어 언젠가는 학교도서관이 만들어지고, 그곳에서 즐겁게 책을 읽는 아이들의 모습이 그려졌다. 그때가 언제이든 달려와 도서관을 사랑하게 될 아이들과 함께할 것이다.

역시 아이들! 우리 손에 들려 있던 축구공, 모자, 풍선 등을 본 아이들은 눈을 반짝였다. 놀잇감이 거의 없는 네팔 아이들을 위해 챙겨 간 한나절 놀거리가 아이들에게 큰 즐거움을 준 것이다. 순식간에 마당에서 운동회가 펼쳐졌다. 우리 도서관 책운동회에서 어른 아이 할 것 없이 모든 사람이 좋아했던 신발 양궁이 이곳에서도 대인기였다. 신발을 날려 과녁의 중심에 가까이 떨어뜨릴수록 높은 점수를 얻는 경기로, 이 과녁은 아이들이 언제든지 가지고 놀 수 있게 선물했다. 뻥 하고 신발이 하늘 높이 올라갈 때마다 아이들의 웃음 소리가 마을을 넘어 숲 전체로 울려 퍼졌다.

## 낡은 코트를 입을지라도 새 책을!

너야조티초등학교에서 꼬불꼬불 산길을 20여 분 걸어가면 마야럭시미학교가 있다. 초, 중, 고등학교가 함께 있는 학교로, 2015년

대지진으로 무너진 건물을 한국의 여러 단체들이 후원하여 교실 13개, 도서관, 연단 등으로 다시 조성한 곳이다.

가장 먼저 눈에 띈 것은 학교의 가장 큰 교실 건물 위에 쓰인 "Wear an old coat, but buy a new book.(낡은 코트를 입을지라도, 새 책을 산다.)"이라는 문구였다. 도서관과 독서에 대한 학교의 애정이 느껴졌다. 우리는 한국에서 모금한 2,000달러로 첫날 카트만두에 도착하자마자 책을 사서 실어왔다. 도서관에 책을 꽂는데 교장선생님이 오셔서 함께 정리를 하셨다. 알고 보니 이 학교도서관 사서선생님은 바로 교장선생님이었다.

"우리 학교가 다른 곳과 차별화되는 이유는 바로 이 도서관 덕분입니다. 선생님들은 아이들에게 독서를 적극적으로 권장하고 있습니다. 교과서에 없는 것도 책을 보면 배울 수 있지요. 역시 제일 인기 있는 책은 드라마로 만들어진 소설책입니다."

아이들이 책을 빌려가 비워진 서가를 자랑스럽게 소개하는 교장선생님이 참 멋져 보였다. 우리나라에서는 교장선생님이 아이들과 책을 매개로 편하게 마주할 기회가 많이 없지만 이곳 교장선생님은 학교도서관에서 아이들과 함께하며 친해질 기회가 많지 않으셨을까.
이날 우리 일행은 교무실에 침낭을 깔고 잠을 청했다. 산속인지라 밤이 되면 기온이 영하로 뚝 떨어졌다. 어릴 때 보던 수많은 별들을 그곳에서 만났다. 그리고 핫팩의 소중함도 깨달은 밤이었다.

## 네팔에서 만난 한국

여행에서 의미 있었던 일 중 하나는 한국에서 일한 적이 있는 귀환이주노동자를 만난 경험이었다. 치즈만 씨와 『나의 미누 삼촌』의 주인공이기도 한 미누 씨는 한국에 있을 때 '아름다운가게' 등을 알게 되어 재활용 시스템에 푹 빠졌다. 그들이 네팔에 돌아와 네팔 최초로 연 사회적 기업이 재활용가게 '수카와티 스토어'이다. 아름다운가게처럼 물품들을 재판매해 수익을 내고 집이나 학교를 짓는 등 여러 나눔 활동을 한다. 네팔에서도 안정적으로 자리 잡아 제2의 롤모델이 되고 있다고!
안나푸르나를 오르는 날이 되었다. 우리의 가방에는 『네팔은 여전히 아름답다』라는 책이 한 권씩 들어 있었다. 이 책은 네팔의 풍경을 담은 에세이로, 네팔에서 2년 동안 거주한 이력이 있는 작가는 우리가 네팔에 머무를 당시 포카라에 살고 있었다. 3일간의 안나푸르나 트레킹을 끝내고 우리는 이 책을 쓴 서윤미, 네팔 이름 아샤 작가를 포카라에서 만나기로 했다. 아샤는 힌두어로 '희망'이라는 뜻이다. 한국에서부터 책 내용을 몽땅 외우다시피 읽고 온 우리는 처음 만나는 작가가 마치 오래전 알고 있던 친구처럼 느껴졌다. 밤이 깊어질 때까지 아샤가 어떻게 네팔을 사랑하게 되었는지 이야기를 들으면서 우리 또한 네팔을 사랑하는 사람이 되어갔다. 저자를 만난다는 건 책으로는 다 담지 못한 저자의 이야기를 고스란히 가져오는 것이 틀림없다. 책 한 권을 통해 네팔을, 그리고 아샤의 마음을 가까이에서 담아볼 수 있었다.

네팔에서 돌아오자마자 도서관에도 이 책을 비치해 많은 사람들이 네팔을 만나기를 바랐다. 서가에 꽂힌 그 책을 볼 때마다 그녀가 조용히 들려주던 네팔 이야기가 떠오른다.

## 네팔과 한국이 함께 지은 '서로서티학교'

마지막 일정은 빈민가에 있는 학교 방문이었다. 카트만두와 고대 도시 벅터푸르 경계에 있는 마을 한가운데에 서로서티학교가 있다. 2007년에 세워진 학교로, 벽돌 하나하나가 놓일 때부터 이 마을과 한국의 NGO가 함께했다. 처음에는 이 마을 특성상 교육열이 낮고, 아이들도 돈을 벌어야 하는 환경에 놓여 있어 학생을 구하기가 상당히 힘들었다고 한다. 그러나 지금은 학교가 마을의 중심축이 되었고, 학생들도 400여 명으로 늘어 증축이 진행되고 있다. 또한 마을의 대소사가 학교를 중심으로 논의되고, 마을에 갈등이 있을 때도 학교가 소통의 장이 되고 있다.

교문에서 서성이고 있는데 아이 두세 명이 호기심 가득한 얼굴로 다가왔다. 한국에서 왔다고 하니, 대뜸 이렇게 묻는 것이 아닌가. "Do you know BTS?"

큰 아이가 가리키는 동생 가슴팍에는 배지 세 개가 달려 있었는데 '방탄소년단'이라는 글자와 함께 멤버들의 얼굴이 그려져 있었다. 그때부터 우리는 오랜만에 만난 형제자매처럼 한참을 웃고 떠들었다. 나이가 들면서 아이돌 노래와는 거리가 점점 멀어지는 중이었는데, 네팔의 작은 마을에서 한국 아이돌의 배지를 자랑스러워하는 아이들을 만나다니!

우리가 방문한 날은 네팔의 국경일이라 서로서티학교의 교실과 도서관을 들어가지는 못했다. 창 너머로 보이는 교과서와 교구가 책상 앞에서 열심히 공부하는 아이들의 모습을 떠오르게 했다. 손자국이 까맣게 찍힌 교실 벽, 모퉁이가 너덜너덜해진 책들, 이곳에서 아이들은 가난과 신분의 벽을 허물고, 꿈을 이루기 위한 희망의 불

씨를 피워 올리고 있었다.

어느 나라든 그 나라의 희망은 어린이와 청소년이다. 그들이 학교에서 꿈을 키우고, 도서관에서 미래를 밝힌다. 네팔도 다르지 않았다. 긴 여정을 마치고 일상으로 돌아와 도서관에서 책을 읽는 아이들을 눈여겨보았다. 그들이 모두가 자신의 길을 찾고, 꿈을 이루어가길 응원해본다. 파이팅!

# 요코하마에서 만난 '영상 책'들

2017년 8월, 우리나라에서 모국어로 팟캐스트를 하는 짱리영 선생님, 이주민 관련 영상 활동을 하는 야마다 선생님 그리고 중국 출신의 NGO 활동가 두 명, 이주민방송 MWTV의 정혜실 대표님, 한국에서 이주민 관련 활동을 하는 한 명, 이렇게 세 나라 출신 여섯 명과 함께 요코하마로 가는 비행기에 올랐다. 우리는 어느 한적한 마을에 닿았다. 관람객의 발길이 끊어진 영화관을 한 예술 단체가 인수해, 이주민이 많은 요코하마의 특색을 살려 벌써 11년째 다문화영화제를 여는 곳이었다. 젊은이들은 도심으로 떠나고 마을은 점점 노후화되었는데 오래된 영화관에서 세계 각국의 영상을 상영하는 영화제를 열며, 고요했던 거리가 다시 활기를 띠게 되었다고 한다.

정겨운 마을 영화관에서 문화 다양성 작품을 만났다

## 다문화도서관에서 진행하는 영상 프로그램의 의미

이용자의 대부분이 국제이주민인 도서관을 운영하다 보면 어쩔 수 없이 글이라는 텍스트의 한계를 느끼게 된다. 프로그램들은 대부분은 다양한 국적의 사람들이 함께 참여하기 때문에 그들의 한국어 언어능력에 따라 참여도와 몰입도가 완전 달라진다. 각국 통역사가 함께하면 좋겠지만 예산상 불가능하기 때문에, 주로 우리말을 좀 더 잘하는 참여자가 멘토가 되어 어려운 말들은 풀어준다. 그래서 프로그램 진행은 더디고, 쉬운 말들을 찾다 보면 책의 주제를 잘 전달하기 힘들 때가 있다.

그래서 생각해낸 것이 영상을 활용한 크로스미디어 라이브러리, 함께영화제 제작 프로그램이다. 이미지, 음성, 음악 등으로 전달되는 부분이 상당히 커서, 이주민 입장에서는 텍스트보다 훨씬 쉽게 공감하고 부담 없이 참여할 수 있다. 게다가 영상은 누구나 창작이 가능하여, 자신의 생각을 널리 공유할 수 있다는 장점도 있다. 이러한 이점을 알고 나서는 매년 영화제와 미디어창작 프로그램을 진행했고, 그러한 활동이 알려지면서 우리는 외국의 다문화영화제에 초대되기도 했다. 요코하마 영화제도 그 일환으로 방문하게 된 것이다.

## 필리핀 영화를 일본어 자막으로

요코하마 영화제는 다문화가 주제인 만큼 문화 다양성을 주제로 하는 영화를 주로 상영했다. 우리는 하루에 보통 두세 편의 영화를 보았다. 지금이 아니면 다시 못 볼 영상들이라는 생각이 들어서이기도 했고 영화가 끝날 때마다 관객들, 영화 관계자들과 바로바로 이루어지는 '만남'이 너무도 재미있기 때문이었다.

가장 기억에 남는 영화는 필리핀 작품이었는데, 성소수자로 살아가는 한 남자의 죽음을 담은 영화였다. 필리핀 배우가 따갈로어로 연기를 했고, 자막은 일본어였다. 아! 처음 영화를 시작하고 10분 정도는 너무나 혼란스러웠다. '나는 누구? 여기는 어디?'라는 말이 절로 나왔다. 그러나 사람들이 그를 이해하고 마지막 인사를 하는 마지막 장면에서 눈물이 쏟아졌다. 말로는 설명할 수 없는 무언가가 전해졌다. 문자나 언어로만은 정의할 수 없는 많은 것들이 영상을 통해 나의 일부가 되었다. 우리 도서관에서 미디어 프로그램에 참여한 사람들도 나처럼 언어가 통하지 않는 영상 속에서 저마다의 의미를 찾아 돌아가지 않았을까 하는 생각이 들었다.

게다가 우리동네 깐영화제처럼 이곳 영화제도 마을 사람들이 함께 준비했다는 느낌을 받았다. 맛있는 밥을 먹을 수 있는 음식점들의 지도가 영화관 앞에 그려져 있는가 하면, 영화를 상영할 때마다 마을 가게를 소개하는 소박한 홍보 영상이 나왔는데 어떨 때는 영화보다 재미있기도 했다.

영화 시작 때마다 마을 어린이들이 무대에 나와 영화제를 소개하고, 직접 만든 빵들을 판매했다. 우리나라 돈으로 1,000원 정도 했는데 생각보다 맛있었다. 수익금 전액은 영화제 운영비로 쓰인다고 했다.

## 작은 공간의 신나고 즐거운 북적거림

자신이 본 영화에 관해 이야기하고 싶은 사람들은 영화가 끝날 때마다 영화관 1층에 자리한 영화제 운영 사무실 겸 예술 단체 사무실인 '줄루의 작업실'로 모였다. 나는 특히 이 지역 이주민들과 이야기를 나누고 싶어 첫 영화가 끝나자마자 1층으로 내려갔다.
20평 남짓한 공간에서 정말 놀라운 일이 일어나고 있었다. 영화가 끝날 때마다 마을 잔치가 열리듯 자연스럽게 영화관 단골손님들, 자원활동가들 그리고 우리처럼 영화제와 영화관에 궁금한 점이 있는 사람들이 그곳으로 모여들었다.

"여기는 마을 주민의 교류 장소이면서 아이들의 놀이터, 동시에 소품을 파는 잡화상이기도 하고, 세상의 모든 음식을 맛볼 수 있는 음식점이기도 한 사무실입니다."

영화제 책임자이자 키

아기자기한 마을 사랑방, 줄루의 작업실

치아트 아티스트인 줄루 대표님의 이야기이다. 그곳에서 나는 옆자리에 앉은 사람이 일본에서 유명한 영화감독인지도 모르고 그저 함께 웃고 떠들었고, 브라질에서 온 히토 씨에게 쌈바 춤을 배웠으며, 이주배경 청소년들과 함께 노래를 불렀다. 내가 여행객인지, 이주민인지, 마을 주민인지, 차이를 전혀 느낄 수 없는 공간이었다. 줄루의 작업실은 우리 도서관의 또 다른 모델이 되어주었다.

도서관이라는 장소에는 여러 의미가 있지만, 그중 하나가 이용자들이 다양한 문화를 만나게 해주는 것이라고 생각한다. 대체로 책이 그 역할을 하겠지만, 다문화도서관에서는 영상도 경험과 문화를 나눌 수 있는 또 하나의 책이다. 언어가 다른 사람끼리 서로를 표현하고 전달하는 가장 좋은 소통의 도구가 된다. 나 또한 요코하마의 작은 영화관에서, 그리고 우리 도서관 사람들이 만든 영화제에서, 함께 살아가고 있는 사람들의 또 다른 모습을 만났다. 언어가 다르지만, 마음이 닿으면 소통할 수 있다는 생각은 많은 이주민과 친구가 되면서 점점 더 확신으로 바뀌어갔다.

우리 모두는 한 권의 책, 한 편의 영화 속 주인공이 될 만한 이야기들을 품고 있다. 언어가 통하지 않아도, 익숙한 문화가 아니어도, 주인공의 이야기에 감응하고 공감할 수 있는 가장 좋은 곳이 가까운 도서관이 될 수 있지 않을까?

# 베트남 어린이다문화도서관 방문기

해마다 새로운 도서관을 만나러 길을 떠나곤 한다. 길 위에서 만난 도서관들은 도서관이라는 이유만으로 나와 연결된 듯했고, 거기서 처음 만난 사람들도 오랜만에 만나는 친구 같은 느낌이 들었다. 이 만남들은 언제나 내게 감동을 줬다. 일상으로 다시 돌아와서는 길을 걸으며 얻은 영감을 우리 도서관에 오는 누군가에게 나눠 주려고 했다. 이번에도 나는 길 위에서 도서관을 만났고, 그곳에서 사람들과 마음을 나누었다.

## 껀터의 어린이다문화도서관

베트남 남서부에 있는 도시 껀터. 이곳의 새로운 시가지에 '한-베 함께돌봄센터'가 있다. 여기는 결혼이민 예정자, 귀환여성, 결혼이주 여성의 자녀들이 겪는 어려움을 해결하고 안정적인 생활을 지원하기 위해 한국과 베트남의 여러 기관들이 힘을 모아 2018년에 문을 연 다문화가족 지원센터이다.

센터 입구에 들어서자 푸르른 잔디가 깔린 운동장이 먼저 눈에 들어왔고, 1층 중앙에 어린이다문화도서관이 있었다. 여러 이유로 가정의 따뜻함을 잃은 아이들이 엄마의 고향 베트남에 왔지만, 한국 국적을 가졌기에 이 나라의 공적 교육 기회를 얻지 못한다고 했다. 이 아이들이 도서관에서 책을 통해 서로를 보듬고 배려하는 법을 배우고 있었다. 책이 곧 친구이고 선생님인 셈이다.

이 도서관에는 사서선생님 두 분이 계신다. 책을 좋아하지만 베트남에서 도서관 서비스를 받은 적이 없어 도서관이 생소하고 아무래도 우리말이 서툴다. 가장 큰 어려움은 한국어로 된 책을 읽고 분류하는 것인데, 정리가 안 된 책들을 볼 때마다 마음이 무겁다고 했다. 그리고 어떤 독서 프로그램을 해야 할지 고민이 많다고 했다. 같은 고민을 하는 나도 공감하며 이야기를 나눴다. 사서선생님들은 아이들의 쏟아지는 질문에 하루가 어떻게 지나가는지 모르겠다고 하며 웃었다. 이야기를 나누면서도, 선생님들의 눈길은 앞에 놓인 『도서관은 어떤 곳일까?』라는 책에 머무르는 순간이 많았다. 이분들이 일을 하면서 끊임없이 고민하는 것이 무엇인지 알 것 같았다. 도서관은 어떤 곳이어야 할까? 아이들이 쏟아내는 질문에 하루가 어떻게 지나가는지 모르겠다고 하니, 훌륭한 도서관임이 틀림없다.

### 타국의 책 공간에서 평화를 나누다

도서관에서 머무르는 며칠 동안 완수해야 할 미션이 몇 가지 있었다. 그중 하나가 아이들과 사서선생님이 고심하여 고른 책을 읽어주는 것이었다. 그 책이 바로 『평화를 말해요』인데 나는 빙그레 웃음이 나왔다. 아이들이 왜 이 책을 읽어달라고 했는지 알 것 같았기 때문이다. 우리 도서관 이용자들이 추천한 그림책들도 한국에서 가져갔는데, 그 책은 나중에 읽기로 했다. 『평화를 말해요』를 전해 받고 무대 앞으로 나가는데 무척 떨렸다. 이곳의 아이들

은 내가 들려주는 이야기를 어떻게 들을까.

"저마다 얼굴이 달라도 저마다 사는 곳이 달라도 그건 중요하지 않아요. 어디서나 누구에게나 망설이지 말고 평화를 말해요."

읽어가면서 아이들을 보는데 눈물이 핑 돌았다. 이 아이들의 삶은, 우리의 삶은 책 속 이야기처럼 평화로운가. 우리는 평화로운 삶을 함께 생각하고 모두가 누릴 수 있도록 실천하고 있는가.

책을 다 읽고 나자 아이들의 질문이 쏟아졌다. 아이들은 "토끼가 어떻게 서 있을 수 있느냐?", "곰과 사람이 친구가 될 수 있느냐?" 등등, 진지하게 느껴질 법한 책 내용에도 천진난만한 물음을 꺼낸다. 역시 아이들! 나왔던 눈물이 쏙 들어갔다. 그렇다. 책은 자신의 눈높이로 읽고 즐기면 되는 것이다. 아이들과 이야기를 나누면서 그들보다 내가 더 즐거운 시간이었다.

## 사서는 어떤 일을 하나요?

책 읽어주기가 끝나고 도서관 옆에 있는 카페에서 한숨 돌리고 있을 때, 청소년 두 명이 쭈뼛쭈뼛 문 앞에서 서성였다. 학생들에게 들어오라고 하니 자리를 잡자마자 나의 직업에 관해 알고 싶다고 운을 뗐다. 두 학생은 호찌민에서 학교를 다니고 있었는데, 또래 아이들이 고민하는 것처럼 직업과 대학 진학에 관심이 많았다. 나는 사서라는 직업과 도서관 업무를 간단하게 이야기하고, 경험을 강조하여 덧붙였다.

"사서는…… 세상에서 가장 행복한 사람이 될 가능성이 많은 직업이에요."

둘은 눈이 동그래졌다. 지금은 어리둥절할 수도 있을 것이다. 하지만 도서관에 오면 올수록 이 말의 의미를 스스로 알 수 있는 날이 있으리라.

우리들의 도서관이 그러한 것처럼 이 도서관에서도 모든 것이 이루어진다. 학교에 갈 수 없는 아이들은 하루 종일 도서관에서 논다. 그림책을 꺼내 읽다가도 그 그림책을 놀이판 삼아 알까기를 하고, 봉사하러 온 언니, 누나 들에게 매달려 운동장으로 나가기도 한다. 처음 도서관에 온 날에도 아이들이 둥글게 원을 그리면서 동대문놀이를 하고 있었다. 한국에서 태어나 자란 아이들이 많아서인지 알까기, 동대문놀이 등에 아주 친숙한 것 같았다. 일요일에는 도서관 바닥 가득 요가 매트가 깔렸다. 그렇게 힘이 넘치는 요가 시간은 처음 봤다고 해도 과언이 아니다. 역시 아이들이 제일 좋아하는 시간은 간식을 만들어 먹는 요리 활동. 그날 함께 만든 요리는 생크림 과일 토스트였다. 오후가 되어 출출할 때 맞춰 하는 프로그램이라 음식을 만드는 동안 과일의 반이 이미 아이들의 배 속으로 사라졌다. 뭘 하든지 아이들은 신나 있었다.

## '친구 도서관'이 또 하나 생겼다

한국에 돌아와 주변 사람들에게 껀터에 있는 도서관에 다녀왔다고 하니 베트남에서 온 엄마들이 소식을 듣고 찾아왔다. 껀터의 엄마들이 손으로 뜬 책갈피를 선물하자 기뻐하며 나중에 고향 나라에 갈 때 꼭 들러 보겠다고 했다. 우리 도서관에서 여러 독서 프로그램에 참여하며 익힌 독서 지도, 독후 활동 등을 그곳 아이들과 해보고 싶다고도 했다. 엄마들은 베트남어와 한국어를 잘하니, 그곳 사서 선생님과 함께 프로그램을 꾸리면 아이들이 좋아하는 책 읽기 시간이 될 것이다. 역시 여러 사람이 머리를 맞대면 혼자서는 생각도 할 수 없었던 좋은 아이디어들이 마구 생겨난다.

우리 도서관의 '친구 도서관'이 하나 더 생겼다. 좋은 친구는 많을수록 좋다. 껀터의 도서관에 갔을 때 한국에서 가져간 책은 우리 도서관 꼬마들이 가장 좋아하는 『알사탕』, 우리와 친구가 된 고정순 작가의 『철사 코끼리』, 베트남어와 우리말이 나란히 나와 있는 『준치 가시』이다. 아쉬움을 뒤로 하며 껀터를 떠나왔지만, 이 책들이 서가에 남아 아이들을 만나고 재미있는 이야기를 들려줄 거라 생각하니 오랜만에 마음이 벅차올랐다.

# 나의 책친구가 있는 캄보디아

일하는 엄마 아빠를 보러 방학 동안 잠시 한국에 들르는 아이들을 종종 만난다. 짧은 시간이지만 도서관에서 자국의 책과 우리나라의 그림책을 만나고 읽는 즐거움을 알게 된 아이들은 고향으로 돌아갈 때 꼭 나를 초대하며 인사를 한다. 말뿐이라고 할 수도 있지만 그중에는 자신이 몇 번이나 읽던 책들을 가져가고 싶다며 울기도 하고, 몇 명은 내 손을 잡으며 꼭꼭 자신의 집에 놀러 오라고 이야기한다. 이 아이들과의 약속을 지키는 것만으로도 세계여행을 하고 남음이 있다. 이번 여행은 그렇게 시작되었다.

## "우리 집에 꼭 놀러 오세요"

2014년부터 우리 도서관 세계명예사서로 활동하며 도서관에 견학 오는 아이들에게 캄보디아 책을 읽어주었던 렉가나. 나의 친구이기도 한 렉가나가 가족과 함께 자신이 태어난 나라인 캄보디아로 돌아갔다. 몇 해 동안 도서관에서 책을 읽고 독서 프로그램에도 참여했던 렉가나의 아이들은 나의 손가락을 걸고 약속을 했다. 캄보디아에서 새 집을 구하면 주소를 알려줄 테니 꼭 놀러 오라고 말이다. 약속대로 2019년 초, 나는 드디어 캄보디아의 수도 프놈펜에 있는 렉가나의 집에 다녀왔다. 책을 좋아하던 아이들은 거기서도 책을 많이 읽고 있었다. 우리나라처럼 책을 구하기 쉽지 않아서인지 내가 한국에서 챙겨간 그림책들을 무척 반가워하였다. 아이들과 나는 밤새 같이 노래를 부르고 책도 읽었다. 잊을 수 없는 밤이었다.

## 캄보디아국립도서관과 렉가나

2017년에는 한국에서, 2018년에는 캄보디아에서 보레이 사서와 만난 적이 있다. 이번에도 그를 만나러 캄보디아국립도서관에 들렀다. 렉가나와 함께였다. 100년에 가까운 역사를 가진 캄보디아국립도서관의 고풍스러운 분위기는 그대로였다. 하지만 내부 공간이

노란 원피스를 입고 있는 사람이 바로 렉가나

나 도서관 활동 측면에서 많은 변화가 있었다.

도서관 입구 가까운 공간에 신을 벗고 들어가는 어린이실이 새롭게 만들어져 있었다. 보레이 사서에 따르면 이 공간이 만들어진 이후로는 엄마와 함께 오는 어린이 이용자가 많이 늘었다고 한다. 그리고 작년에는 도서관 앞마당에서 북페어를 성공적으로 개최하여 이용자가 몇 배로 증가했다. 영어로 더듬더듬 이야기를 주고받던 지난해와 달리, 렉가나가 통역을 맡아 주어 3시간 넘게 서로의 도서관과 책에 대한 이야기를 나눌 수 있었다.

나는 한국에서 가져간 그림책 『알사탕』과 『민들레는 민들레』 그리고 『숲 속 재봉사』를 보레이 사서에게 전달하고 캄보디아 잡지 몇 권을 선물로 받았다. 이 책들과 연계할 수 있는 어린이 독서 프로그램에 대해 이야기를 했는데, 보레이의 선배 사서선생님들이 모두 나와 우리들의 이야기에 귀 기울여 주어서 서로에게 아주 알찬 독서 워크숍이 되었다. 내가 가져간 그림책 세 권은 2018년 한 해 동안 우리 도서관 아이들이 가장 사랑한 책들이라는 이야기와 함께, 나의 친구 렉가나가 우리 도서관에서 훌륭한 독서 강사였다는 이야기를 전했다. 그러자 도서관 측에서 그녀에게 아이들이 오면 강사가 되어 독서 프로그램을 도와달라고 부탁했다.

"우리 도서관에서 독서지도 수업을 받았는데, 아이들과 책 읽기를 한 보람이 있네요. 한국에서 배운 것을 내 고향 캄보디아에서 나누게 되어 너무 좋아요."

렉가나는 고향에서, 그것도 국립도서관에서 독서 강사로 활동할 수 있는 기회를 얻게 됐다며 기뻐했다. 나는 렉가나가 다문화작은도서관을 아직도 '우리 도서관'이라고 이야기하는 데에 감격했다. 렉가나는 한국에서 가장 행복했던 기억 중 하나가 도서관에서 책을 읽고, 사람들을 만난 일이라고 하였다. 나 또한 그렇다고 생각했다.

## 황무지에 세워진 마을의 자랑, 껌뽓도서관

2018년 10월, 우리 도서관에 캄보디아에서 손님 한 분이 오셨다. 한국에서 캄보디아로 이주한 지 1년이 된다는 이 활동가는 봉사를 위해 캄보디아에 갔다가 지어진 지 5년이 되었지만 문이 잠긴 도서관 한 곳을 발견했다고 했다. 그리고 자신이 운영해보고자 큰 결심을 하고 도움을 요청하러 왔다고 했다. 그 당시 껌뽓은 가보지 않은 곳이었지만, '날개 달린 도서관' 프로그램을 통해 알게 된 많은 책 친구들의 고향이기도 하여 낯설지가 않았다.

사진으로 본 껌뽓도서관은, 몇 개의 학교와 주택지 사이에 위치하여 접근성이 좋고, 기본 시설도 갖추어진 곳이었다. 도서관을 열면 마을의 중심이 될 것이라는 생각이 들었다. 당시 도서관의 기본 업무가 적힌 운영 매뉴얼과 캄보디아 – 한국어 이중언어 이야기책을 구해 주고 운영에 관해 많은 이야기를 나누었는데, 그 활동가를 당시 여행에서 만나게 되었다.

껌뽓은 프놈펜에서 차로 2~3시간 정도면 갈 수 있는 거리에 있다. 활동가는 도서관에 대한 이해도가 낮은 행정가들과의 협상이 지지부진하게 진행되어 많이 지쳤다고 말했다.

"잠긴 문을 깨고 도서관을 열면 분명히 마을의 자랑이 될 거예요." 서로의 어깨를 다독인 덕분일까. 활동가는 그해 4월, 드디어 도서

껍뱃도서관 입구

관 문을 열었다는 소식을 전해왔다. 처음에는 등하굣길에 몇몇 아이들만이 도서관을 기웃거렸는데, 이제는 매일 오는 아이들이 많아졌다고 자랑스럽게 이야기했다. 주말이면 꽤 많은 동네 사람들이 찾는 '핫플레이스'라고 말이다. 아마 다음 도서관 방문 때에는 훨씬 멋진 모습을 보게 될 것 같다.

## 누군가의 길 위에서 연결되는 도서관

아이들과의 약속으로 시작된 이번 여행에서도 길 위에서 여러 도서관들을 만났다. 먼저 소개한 베트남 껀터의 어린이다문화도서관 그리고 캄보디아의 국립도서관과 껌뽓도서관을 만나면서, 나는 서로 모르고 있었을 이 세 도서관이 연결되는 느낌을 받았다. 국립도서관에서는 껌뽓 마을도서관의 존재를 모르고 마을도서관은 국립도서관에 도움을 요청할 엄두조차 내지 못하고 있었는데 이번에 서로를 알게 되면서, 함께 돕겠다고 나선 것이다. 국경을 마주하는 베트남과 캄보디아 사람들도, 도서관을 중심으로 책을 나누면서 서로의 문화를 이해하고 소통하는 기회를 많이 가졌으면 하는 바람을 품게 되었다. 나는 이 모든 것이 도서관이어서 가능하다고 생각한다. 어떤 구분이나 차별 없이 누구나 책으로 친구가 되고 생각을 나눌 수 있는 곳! 도서관은 그런 곳이다.

# 대만에서 찾은 한국

본격적인 겨울이 시작되는 어느 12월에 지역에서 독서 문화를 꽃피우기 위해 노력하는 활동가들과 함께 대만의 도서관과 서점을 탐방하기 위해 비행기에 올랐다. 두근두근, 이번 여정에서는 어떤 기적을 만나게 될까? 새로운 도서관과 낯선 활자로 된 책을 만나는 일은 다른 언어를 쓰는 친구를 사귀는 것처럼 언제나 설렌다.

## 숲이 말을 걸어오는 베이터우도서관

여러 종류의 나무가 우거진 베이터우공원 안에 나무로 지어진 도서관이 있다. '세계에서 가장 아름다운 도서관 25선'에 선정됐다는 명성만큼이나 멋진 베이터우도서관. 창밖에 펼쳐진 풍경을 보느라 책이 머릿속에 들어올지 의문스러울 정도로 주위가 아름다웠다. 도서관은 외관뿐만 아니라 운영 방식도 친환경적이었다. 지붕에는 집열판이 있어서 태양광으로 전기를 생산하고, 빗물은 모았다가 화장실에서 생활용수로 사용한다. 서가, 열람석, 내부의 인테리어 모두 재활용이 가능한 나무로 만들어진 생태 친환경 기반 도서관이라서 더욱 빛나 보인다. 대만의 도서관들은 각각의 특성에 맞게 장서를 구축하여 특화도서관 성격을 지니는데, 베이터우도서관은 친환경적 특성에 맞는 생태 보육을 주제로 장서를 보유한다.

도서관 곳곳에 나무로 만든 다양한 의자가 놓여 있어, 어디에 앉든 창밖 풍광을 즐기며 책을 읽을 수 있다. 110센티미터가 넘지 않는 낮은 서가, 채광을 고려한 창의 배치 덕분에 자연 속에 있는 듯한

베이터우도서관 가는 길, 오른쪽 목조 건물이 도서관이다

편안함을 느낄 수 있다. 나는 조금은 빡빡한 탐방 일정에도 이곳에서 3시간 넘게 머물렀다. 일행 모두가 자리를 뜨기 싫다고 할 정도로 도서관이 주는 위안과 치유의 느낌이 좋았다.

## 아이들이 사랑하는 타이베이시립도서관

타이베이시립도서관은 대만 타이베이에 있는 도서관들의 브레인 역할을 하는 곳으로, 베이터우를 포함한 56개 분관을 운영한다. 전체적으로 우리가 자주 만나는 공공도서관과 비슷한 느낌의 도서관이다. 도서관 관장님은 830만 권의 풍부한 도서 자원을 확보하고, 책을 쉽게 빌릴 수 있도록 신청도서를 편의점에서도 받아 보는 시스템을 만든 것이 큰 자랑거리라고 하셨다. 대만은 건물마다 하나씩 있을 정도로 편의점이 많으니 여러 제약으로 도서관에 가기 어려운 이용자들에게 유용한 서비스인 듯싶었다. 뿐만 아니라 여권만 있으면 여행자들도 지역 주민처럼 도서관 대출카드를 만들 수 있었다. 나는 대만에 머무는 동안 한 번에 열다섯 권의 책을 한 달간 빌릴 수 있었다.

비행기에서 내리면서부터 대만의 첫인상을 조용하고 편안하다고 느낀 나는 도서관 서비스 측면에서 이렇게 적극적인 정책을 펼치고 있다는 사실이 놀랍고 부러웠다. 대만 인구는 2,377만 명으로 우리나라보다 약 2배 적지만 공공도서관 이용률은 약 30퍼센트인 우리나라의 배가 넘는, 80퍼센트를 기록한다. 이러한 노력 덕분에 국민 대부분이 도서관에서 책과 가까이 지내는 분위기가 자연스럽게 만들어지지 않았을까.

지하 3층, 지상 11층으로 이뤄진 건물 9층에는 다원화자료실이 있다. 다문화자료실에 해당하는 곳으로 우리나라에서 출판한 책도 3,000권 정도가 있다고 한다. 한국 책이 꽂힌 서가에 한글로 크게 쓰인 '다원, 존중, 융합, 교류, 희망, 성장'이라는 글자가 여러 번 그 의미를 생각하게 했다.

지하 1층과 2층에는 어린이들을 위한 자료실이 있다. 먼저 자료실 앞의 주황색 버스가 우리를 맞이해 주었다. 곳곳에 북큐레이션을 해놓은 것도 흥미로웠다. 꿀벌 모양의 자율 독서 대출대가 있었는데, 되도록 아이들이 스스로 책을 빌리게끔 한다고 어린이실 담당 사서선생님이 이야기했다. 실제로 우리가 머무는 동안에도 아이들이 즐거운 얼굴로 꿀벌 대출대에 오가는 걸 여러 번 볼 수 있었다.

다원화자료실의 한국 서가

## 문을 닫은 공장이 문화 중심지로!

대만은 각각의 고유성을 가진 도서관과 멋있는 서점이 많기로 유명하다. 타이베이 시내에 여러 서점이 모인 책방거리가 있고, 자기만의 색채를 지닌 이색서점이 군데군데 자리해 있다. 도시 전체가 하나의 문화 공간 같았다.

읽는 즐거움이 있는 서점이라는 뜻을 지닌 열락서점이 있는 송산문창원구는 본래 담배 공장이었다. 1998년, 공장이 문을 닫으면서 방치되던 곳을 다시 디자인하여 지금은 전시, 공연, 만남이 폭발적으로 일어나는 문예창작 공간으로 탈바꿈했다. 열락서점은 공장에서 일하던 사람들이 아이들을 맡겨두던 탁아 시설 자리에 문을 열었다고 한다.

서점 옆 공간은 패션쇼, 버스킹 공연 등으로 북적였는데 신기하게도 서점 주변은 조용하고 아늑했다. 한눈에 들어오는 반듯한 직사각형의 레트로풍 전경에는 서점에 들어서는 사람을 좀 더 멋져 보이게 만드는 무언가가 있었다. 그 감동이 사라지지 않아서 한동안 아무 말도 하지 않고 서가에 꽂힌 책을 찬찬히 둘러보았다. 간체를 사용하는 중국과 달리 대만은 번체를 사용하기에 우리가 쓰는 한자와 같은 글자로 쓰인 책들을 한 자 한 자 더듬어가며 읽어 볼 수 있었다.

직원에게 한국에서 왔다고 말하니, 제주의 서점 '이듬해봄'과 교류를 한다며 제주에서 보내온 책 몇 권을 꺼내 보여주었다. 설문대어린이도서관 사람들이 만든 그림책들이었다. 대만의 책방에서 우리나라의 도서관 이용자들이 쓰고 그린 창작 그림책을 만나다니 참 놀라웠다.

'책이란 이런 것이구나.' 싶었다. 우리 이야기를 담고 어디든 갈 수 있고, 누구와도 만날 수 있는 게 책이라는 생각이 들었다. 밤이 저물었지만 우리는 쉽게 책방을 떠나지 못했다. 대만 사람들이 24시간 여는 서점을 사랑하는 이유도 조금은 알게 되었다.

도서관에서는 여러 프로그램을 꾸준히 운영하며 이웃 주민들과 만나고, 친구가 되고, 한바탕 축제를 열기도 한다. 이용자와 책이 직접적으로 가까워지도록 만드는 곳, 즉 도서관이 우리를 책의 세상으로 데려가는 기차를 바로 타는 플랫폼이라면, 서점은 그 기차 여행 중 뜻밖의 연결을 통해 우리를 또 하나의 세계로 안내해주는 간이역 같다.

우리 주변에 이러한 플랫폼과 간이역이 많이 있다면, 그 역 사이를 연결하는 모든 길에서 새로운 세계와의 만남을 기다리는 우리 삶이 더욱 풍요로워지리라.

**사서의 밑줄 4**

# 공모 사업과 친해지기

나는 '프로그램 없는 도서관'을 꿈꾼다. 거창한 프로그램을 열지 않아도 사람들이 그저 책을 좋아해 도서관에 들락날락하는 꿈.

그러나 이주민과 선주민에게 책과의 즐거운 만남을 주선하기 위해서는 전문가들의 도움이 필요하고, 특별한 스토리텔링이 가미된 활동들이 있어야 한다. 도서관에 오는 사람들도 프로그램에 관해 생각보다 많은 기대를 하고 있기 때문이다.

이를 가능하게 하는 것이 각 지자체나 문화체육관광부, 한국문화예술위원회, 한국도서관문화진흥원 등에서 실시하는 공모 사업이라고 보았다. 공모 사업에 신청해 지원을 받으면 여러 좋은 점이 있다.

  첫째, 특화된 프로그램을 기획할 수 있다.
  둘째, 세분화되고 체계적인 진행 경험을 할 수 있다.
  셋째, 널리 홍보하는 효과가 있다.
  넷째, 함께 참여한 도서관들과 친구가 된다.

프로그램 지원 사업 공고가 날 때마다 매번 고민이 되는 것도 사실이다. 도서관

자체 프로그램과 일상적인 업무까지 하면서, 집중해야 하는 새로운 일이 얹혀지기 때문이다. 그러나 이 과정을 통해 뜻밖의 성과와 큰 만족감을 얻게 될 가능성이 있다. 그래서 주변의 사서선생님들이 지원 사업에 대해 고민하면 일단은 힌빛 해보라고 권한다.

### 첫 번째 장점: 지원 사업의 자원과 인프라를 이용할 수 있다

가장 먼저 이야기하고 싶은 장점은 특화된 프로그램을 기획하고 운영할 수 있다는 것이다. '웰컴! 크로스미디어 라이브러리 프로젝트', '지구인수어합창단', '지구인마을방송국' 등의 프로그램도 지원 사업에서부터 시작하였다. 우리 도서관은 지역의 작은도서관이고, 프로그램 예산이 넉넉하지 않기 때문에 아무래도 외부의 여러 사업에 지원하지 않을 수 없었다. 게다가 이주민을 위한 독서프로그램에는 통역자 활동비라든지, 외국원서나 자료 등의 구입 비용이 일반 프로그램에 비해 많이 든다. 특화된 프로그램일수록 비용은 높아진다. 그렇기 때문에 지자체나 여성가족부, 문화체육관광부 등이 실시하는 사업에 선정되고 나면 그나마 마음껏 기획하고, 그 기획대로 프로그램을 진행할 수 있다. 지원 사업을 통해 좋은 강사를 모셔오고, 수료자들의 지역 활동을 돕고, 도서관 축제를 기획할 수도 있는 것이다.

### 두 번째 장점: 세분화되고 체계적인 경험

공모에 선정되어 일단 프로그램을 진행하면, 도서관 업무 중 해당 프로그램에 집중하는 시간이 필요하다. 이 말은 공모 사업별로 운영자의 노력과 에너지가 그만큼 많이 든다는 뜻도 된다. 사업들은 주체에 따라 프로그램의 목적과 대상을 명확히 하기 때문에, 기획 단계에서부터 목표와 실행 계획을 꼼꼼히 살펴야 하고, 계속적으로 프로그램의 성과를 축적하여 보고에 대비해야 한다.

앞에서 얘기했듯, 우리 도서관에서는 다양한 동아리, 세계명예사서단 등의 작은 아이디어들이 지속적인 활동으로 이어지는 경우가 많았는데, 공모사업은 우리들끼리 운영하는 프로그램보다 진행 단계도 세분화되어 있고 정리나 보고를 할 일도 많아 체계적인 경험을 할 수 있다. 이 경험은 나중에 도서관에서 자체적으로 크고 작은 프로그램을 진행하는 데 도움이 된다.

하지만 사업 주관 기관의 규정과 체계를 다 소화해야 하니 규모가 큰 사업비를 얻기 위해 무리해서 도전하지는 않았으면 좋겠다. 같이 진행할 사람들과 충분히 논의한 다음 할 수 있을 만큼 차근차근 준비하려는 마음이 필요하다.

## 세 번째 장점: 홍보 효과

공모 사업은 프로그램이 끝나면 우수 사례를 발굴하고 이를 자료집으로 엮거나 사례 발표를 한다. 이때 큰 홍보 효과가 발생한다. 원래 계획대로 성실히 진행했을 뿐인데 책으로 소개도 해주고, 여러 사람들 앞에서 도서관 활동을 이야기하는 경험도 하게 되는 것이다.

다문화도서관 현장에 있는 사람으로서 '내가 잘하고 있나?', '이렇게 하는 것이 맞을까?' 하고 수없이 되뇌며 안갯속을 헤매고 있을 때, 이러한 결과물들은 나를 다시 가슴 뛰게 하였다.

### 네 번째 장점: 다른 도서관과 교류할 기회

함께 참여한 도서관들과 네트워크를 형성하여 서로 도와주는 친구가 된다는 점 또한 지원 사업으로 얻는 장점 중 하나이다. 같은 공모 사업에 참여한 도서관들 사이에는 일종의 유대감 같은 것이 생기는데, 이는 사업 설명회나 회의 등에서 서로의 고충을 나누며 시작된다. 실제로 몇 년 동안 이런 도서관 친구들이 많이 생겼고, 지금 가장 든든한 지원자가 되었다.

특히 한 도서관의 사서로서 다른 도서관 활동가들과 친해질 귀중한 기회를 얻을 수 있다. 2015년, 경기도 작은도서관 마을공동체 프로그램 지원 사업에서 우수 도서관으로 선정되어 내 생애 처음으로 외국 도서관을 방문하는 기회를 얻었다. 일본 미야자키현에 위치한 키쵸그림책마을을 작은도서관 열 곳의 활동가와 가게 된 것이다. 이때의 경험은 사서로서의 삶에 터닝포인트가 되었다. 20여 년 전 탄광 산업이 사양길에 접어들면서 폐촌이 된 곳이 멋진 그림책마을로 변한 현장을 다른 활동가들과 함께 생생하게 보고 느끼면서, 그전의 나와는 조금 다른 내가 되었다고 생각한다.

### 그 뒤에 숨겨진 일들도 즐겁게

도서관 업무는 80퍼센트가 즐거운 일이었다. 이 즐거움을 위해 힘들지만 감내해야 하는 20퍼센트가 있다. 사업 프로젝트 정산이 그런 일이었는데, 숫자와 계산에 약한 나는 특히 정산 마감이 한 번에 닥쳐올 때 엑셀 시트와 사진 자료를 집에 가져가 밤샘을 한 적도 많았다.

그러나 여러 공모 사업을 통해 그동안 도서관에서 한 일들을 정리하고, 그 과정을 다른 도서관과 나누고 칭찬도 받으면서 나 또한 그 속에서 성장해 왔음을 부인할 수 없다.

도서관에서 이미 다양한 활동들을 하고 있다면 굳이 새로운 프로그램은 하지 않아도 된다. 하지만 이것도 잊지 말자. 도서관도 외부의 적당한 피드백과 보상이 필요하다는 것을. 특별한 무언가가 빛나고 있으면 사람들이 더욱 사랑하게 된다는 것을.

# 다문화도서관 사서의 대화법

어떤 공간이 편안하게 다가오려면 그곳에서 필요한 최소한의 소통에 불편함이 없어야 한다. 다양한 문화권 출신의, 다양한 언어를 쓰는 사람들이 도서관에 오기 때문에 다문화도서관에서는 소통의 불편함을 줄이려는 노력이 더욱더 필요하다.

**입장 바꿔 시뮬레이션 해보기**

사람들이 다문화도서관을 찾는 이유와 목적은 각양각색이다. 가까운 동네 도서관도 있지만 모국어로 된 책을 보러 먼 지역에서 오는 이용자, 태어나 처음으로 도서관을 이용하는 사람, 책에는 관심이 없지만 도서관에서 살다시피 하는 친구, 이웃을 만나기 위해 도서관에 오는 지역 주민, 도서관 프로그램에 참여하려는 사람, 다문화거리에 왔다가 나름 '핫스폿'인 이곳에서 인증샷을 남기기 위해 들르는 사람까지.

원래 도서관이라는 곳이 다양한 책과 사람이 모이는 문화의 집합체지만, 언어와 문화적 배경이 다른 이용자가 대부분인 도서관 근무는 처음이었기에 초기에는 걱정과 어려움이 많았다.

그럴 때 내가 외국, 특히 그 나라 언어를 전혀 모르는 곳에 가서 안정을 느끼는 공간을 찾는다면 어디로 갈 것인가 하고 수도 없이 머릿속에서 시뮬레이션을 가동시켰다. 나에게 그 대답은 항상 도서관이었다. 도서관에서 한국어로 되어 있는 책을 먼저 찾을 것 같았다. 혹 같은 언어의 책을 보고 있는 누군가를 만난다면 반가운 마음에 낯선 나라에 있다는 두려움이 깡그리 없어질 터였다. 그렇게 생각하니 다문화도서관이 더욱 더 중요한 곳이라고 느껴졌다. '내가 타국에 이주해 도서관에 다닌다면 무얼 기대하게 될까?' 생각하자 다문화도서관 사서로서 이용자에게 어떻게 다가가야 할지가 점점 선명하게 그려졌다.

## 상대방의 속도를 존중하며 다가서기

먼저, 도서관에 들어서는 사람들이 낯설게 느끼지 않도록 마음을 담아 환대해야 한다는 생각에 목소리를 한 톤 올려서 인사했다. 하지만 그다음 내 앞에 펼쳐진 현실은 시뮬레이션과 자꾸만 다르게 흘러갔다. 한참을 열심히 설명했는데 알고 보니 하나도 못 알아들었던 사람도 있었고, 다가서기만 해도 뒤로 물러나는 사람도 있었다. 그들이 불편한 기색을 보이는데도 계속 말을 붙이려 노력한 '나'도 있었다.

결국에는 도서관에 들어서는 사람들이 자기 방식대로 장소에 적응하는 시간이 필요하다는 사실을 알게 되었다. 내 속도가 아니라 도서관에 오는 사람들의 속도에 맞춰 다가선다면 자연스럽게 간격을 좁힐 수 있다는 사실을 깨달은 것이다. 여기에는 어떤 법칙이 있는 것이 아니다. 이용자들에게 먼저 관심을 가지면 천천히 체화된다. 우리에겐 원래 지닌 습관이 있고 그것은 하루아침에 바뀌는 것이 아니니 처음에는 사서에게도 시간이 필요할 수 있다. 나는 그랬다. 한국어가 조금 서툰 이용자가 오면 또박또박 천천히 이야기하고 그들이 답할 때까지 눈을 맞추며 기다리자고 다짐하면서도, 재미있는 이야기가 나오거나 이용자의 이야기 속에서 반짝거리는 무언가를 발견했을 때는 나도 모르게 한국인 친구들과 대화하는 빠르기로 돌아갔다. 하지만 우리가 자전거를 타다 넘어졌을 때 그 자리에서 올라타 다시 출발하면 되는 것처럼, 그럴 땐 상대의 속도로 돌아가 이야기를 이어나가면 된다. 진심으로 상대방의 눈높이에 맞추고자 다시 한번 마음을 먹는 것이다.

## 언어의 벽 때문에 미리 겁먹지 않기

실제로 다문화도서관에서 처음 일하는 선생님들이 나에게 이주민과 만나서 편안하게 이야기할 수 있는 방법을 많이 물어온다. 결론부터 말하면, 언어가 다른 사람들을 처음 만나서 자유롭게 이야기하기란 어렵다. 한쪽이 상대방의 언어에 꽤 익숙하다고 할지라도 말이다.

나는 대화를 나누는 것에 대한 두려움을 없애는 일이 우선이라고 이야기한다. 소통에 관해서는 사서의 두려움보다 도서관 이용자의 두려움이 더 클 것이다. 그 사실을 인지하면 나의 두려움을 없애는 일보다 이용자를 배려하는 일에 자연스럽게 무게가 실린다. 소통은 '언어'로만 주고받는 게 아니라 눈빛, 몸짓, 상대를 향한 존중 등 복합적인 요소로 이루어져 있고, 서로가 상대의 모국어에 능숙하지 않다는 사실을 알기 때문에 완벽한 언어적 소통을 기대하지 않아도 괜찮다.

나도 한국어를 제외한 모든 언어에 서툴고 아예 모르는 언어가 대부분이지만 언어적 한계 때문에 대화가 되지 않는다든지, 책을 빌려주고 일을 처리하는 데 힘든 적은 없었다. 언제나 옆에 계시는 세계명예사서들과 이용자들의 도움 덕분이기도 하지만, 서로의 이야기를 듣고자 하는 마음만 있다면 통하지 않는 것은 없기 때문이었다.

만약 다문화도서관 사서를 처음 맡아 아직 친한 이용자가 없거나 세계명예사서단 없이 한국어가 서툰 이용자를 만났다면 '발전된 기술'에 의지해도 좋겠다. 온라인 번역에 오역이 많다고는 하지만 간단한 말 정도는 거뜬히 번역하는, 업그레이드된 번역 어플이 많기 때문이다!

## 그 외 소소한 TIP들

이제 앞 이야기를 요약하면서 몇 가지 사항을 조금 덧붙이고자 한다.

첫째, 방문객이 낯선 장소에 적응하는 시간을 허용하자. 도서관에 왔을 때는 그들만의 이유가 있을 것이다. 장소에 익숙해지고, 스스로 움직일 때까지 열린 마음으로 기다리는 일이 소통의 시작이다.

둘째, 장소에 익숙해진 이용자는 내부를 둘러보고, 사람을 찾을 것이다. 이때 쉬운 말로 가벼운 이야기를 나누어보자. 처음 온 사람에게는 '처음 오셨네요, 반갑습니다.', 자료를 찾는 사람에게는 '어떤 책을 찾고 있나요, 도와드릴게요.'라고 간단한 대화를 시작한다. 몇 마디 대화에서 이용자가 관심을 가지는 분야, 편안하게 느끼는 대화의 속도, 한국어에 익숙한 정도 등을 파악할 수 있다.

셋째, 되도록 관용 표현이나 어려운 한자어를 쓰지 않도록 한다. 처음엔 이 부분에서 실수가 많았다. 우리가 흔히 쓰는 속담이나 관용어구는 한국 문화에서 비롯된 것이다. 한국어가 서툰 이용자는 당연히 고개를 갸웃거릴 수밖에 없다. 그렇다고 다문화도서관에서 이용자에게 무조건 '쉬운 말', '간단한 말'을 쓰길 권하지는 않겠다. 다른 나라에서 왔다고 한국어가 서툴 거라는 무조건적인 생각

또한 하나의 편견 아닐까? 이용자와 간단한 대화를 해보고 한국에 얼마나 거주했는지, 한국어 책에 어느 정도 익숙한지 등을 파악한다면 이용자의 눈높이에서 함께 대화할 수 있을 것이다.

넷째, 가끔씩 어떤 용어에서 누구를 배제하고 있지는 않은지도 고민해 봐야 한다. 사서가 자연스럽게 쓰는 말이지만 누군가는 소외감을 느낄 수도 있다. '다문화'라는 용어도 그렇다. 한국에서 쭉 살았든 다른 나라에서 왔든 결국 같은 지역, 같은 동네에 사는 도서관 책이웃인데 '다문화'라는 말을 붙이는 것 자체로 누군가를 구별하고 배제하는 일이 생길 수 있다. 그런 의미에서 '이주민과 선주민'이라는 용어도 조심스럽게 사용하길 바란다. 다양성을 품을 수 있는 말을 찾아내는 것도 우리 모두가 풀어야 할 숙제이다.

다섯째, 언어와 문화를 배우는 사서가 되도록 한다. 다문화도서관에서 일하며 알게 된 즐거움 중 하나가 다양한 언어와 문화를 알아가게 되었다는 점이다. 도서관에 오는 사람들은 문화의 수혜자로 머물지 않고 자신의 문화 다양성, 여기까지 걸어온 삶의 히스토리를 나누어줄 준비가 되어 있는 분들이다. 그들의 삶에 관해 묻고, 그들의 언어와 문화에 호기심을 가지면서부터 누가 도서관을 운영하고, 누가 도서관을 이용하는가 하는 경계는 자연스럽게 사라진다.

마지막으로, 도서관 곳곳에 이용자들의 출신국으로 통하는 '단서'를 만들어 놓으면 환영의 마음을 공간으로까지 확장시킬 수 있다. 나는 러시아, 인도네시아 등 네 나라의 시간을 표시하는 시계를 나란히 두었고, 서가마다 여러 언어로 안내문을 붙여놓았다. 그것만으로도 이용자들은 모국에 대한 정취를 느껴, 도서관을 좀 더 편하게 느낄 수 있다. 그다음은? 이제 서가에서 책을 꺼내 읽기만 하면 되는 것이다.

# 다문화도서관은 어떤 철학을 바탕으로 운영되어야 할까?

국제도서관연맹(IFLA)과 유네스코는 다문화도서관이 이용자 모두의 문화 다양성을 존중하는 방향으로 운영되도록 유용한 가이드라인을 마련했다. 「IFLA/유네스코 다문화도서관 선언」은 사서로서 어떤 관점으로 도서관을 꾸려가야 할지 전체적으로 바라보도록 해준다.

다문화도서관 선언에서는 먼저 '문화 다양성', '다문화주의'의 의미를 언급한다. 한 사회 안에 서로 다른 문화가 조화롭게 공존하고 상호작용을 한다는 뜻이다. 여기에서 '문화'는 사회 구성원들의 고유한 지성, 감성, 물질적인 특성을 설명하는 말로 보면 된다. 예술과 문학뿐만 아니라 생활 방식, 서로가 관계를 맺으며 공존하는 방법, 가치 체계, 전통적인 신념까지 아우르는 말이기도 하다. 문화 다양성과 다문화주의가 존중받는다는 것은 지역 커뮤니티, 넓게는 지구촌 사회에서도 우리가 공동체를 이뤄나가는 힘이 되어준다.

선언문은 다양한 언어, 다양한 문화를 인류 모두가 소중히 지켜야 하는 유산이라고 밝히고 있다. 이 역할을 할 수 있는 곳이 바로 도서관이다. 모든 사람은 지식과 정보에 접근할 수 있는 권리를 평등하게 누려야 하므로 도서관은 이용자들과 지역 커뮤니티를 어떠한 이유에서도 차별해서는 안 된다. 서로 다른 언어, 다른 문화를 향유해 온 사람들이 이용자로 찾아오면 적절한 언어나 문자로 소장자료, 도서관 서비스를 어려움 없이 이용하도록 안내할 의무가 있다.

선언에 따르면 도서관에서는 직원을 채용할 때에도 지역 사회의 다양한 의사를 반영해야 한다. 특히 도서관에서 일하는 사람이라면 직원과 관련된 내용을 눈여겨볼 필요가 있다. 도서관 직원은 이용자와 소장 자료들을 이어주는 다리가 되어 지역의 다양한 공동체에 서비스를 제공하고 때로는 공동체와 협력하며 함께 일할 수 있는 자질을 갖추어야 한다. 서로 다른 문화를 가진 사람들 사이에서 소통할 수 있는 능력이 있어야 하고 이용자가 모국어를 사용할 때 존중하는 마음으로 대해야 한다. 언어, 감성, 문화가 다르다는 이유로 차별적인 말이나 행동을 하면 안 된다. 서로 다른 문화에서 살아온 이용자들이 도서관 서비스에 함께 참여하도록 독려하고 지원하는 일도 중요한 업무이다. 다문화도서관 사서로서 이용자와 함께 즐거운 도서관을 만들어 가려면 꾸준한 교육을 받아야 하는 이유가 여기에 있다.

도서관에서, 특히 다문화도서관에서 눈여겨볼 만한 또 다른 자료로 국제이주기구(IOM)에서 펴낸 『이주 용어 사전』을 들 수 있다. 다문화주의, 차별, 이주자(이주민) 등에 관해 가장 미래 지향적으로 정의된 자료라고 생각한다.

요약해보면 먼저 이주민이 어떤 억압적인 요소 없이 스스로 원해서 이주를 선택했든, 어쩔 수 없이 이주를 선택했든, 이주의 목적은 '더 나은 삶'을 살아가려는 데에 있다는 것이다. 이 내용에 따르면 우리 모두는 한 번쯤 이주민이었던 적이 있었고, 잠재적인 이주민이기도 하다는 점을 생각해볼 수 있다. 뉴스에서 자주 접하는, 우리나라에서 흔히 쓰이는 '이주민'이라는 개념은 경제활동을 하기 위해 한국으로 온 국제이주민에 한정되어 있지만 시선을 조금만 넓혀 보면 우리나라를 떠난 적이 없는 사람도, 우리나라로 떠나온 사람도 모두 동등한 눈높이에서 함께 공동체를 이뤄 나가고 있는 구성원인 셈이다.

또한, 우리가 흔히 이야기하는 다문화주의에 관해서는 "문화적 다양성이 주는 유익한 점들을 인식하고, 관리하며, 극대화하는 통합적인 접근"이며, "이주민들이 자신들의 국가 정체성에 대한 어떠한 위협 없이, 그들의 언어와 문화, 사회적 행동들을 다른 사람들과 구분되는 채로 간직할 수 있는 것"이라고 설명한다. 우리나라에서 '다문화'라는 수식어는 사회적으로 보살핌이 필요한 '사회적 약자'로 한정해 쓰이는 경우가 많다. 하지만 넓게 보면 '다문화'라는 개념이야말로 다양성이 존중받는 사회를 만들기 위해 우리 모두가 추구해야 할 가치인 것이다.

'차별'에 관한 정의도 의미 있다. "선호하는 사람과 선호하지 않는 사람들을 구분할 타당한 이유가 없는 상황에서 모든 사람을 동등하게 대우하지 않는 행위"라고 말한다. 유엔에서 발간한 「이주민을 보호하기 위한 인권에 관한 실용 가이드라인」의 설명도 우리가 미처 생각 못 한 부분을 발견하게 해준다. 자료에 따르면 "차별은 인종, 피부색, 혈통, 민족, 성, 연령, 젠더, 장애 여부, 종교 또는 신념, 국적, 이주 여부 등을 이유로 정치, 경제, 사회, 문화 또는 다른 영역을 비롯한 어떠한 공적 영역에서 구별되거나 배제되고, 혹은 특별히 선호하는 집단이 되는 것"이라고 말하고 있다. 누군가에게 불합리한 이유로 불이익을 주고, 제외하는 것 또한 차별이지만 '유리하게 만드는 것' 또한 차별인 것이다.

다문화 관련 용어는 아직 정의를 명확하게 내리고 자주 쓰기에는 조심스러운 말들이 많다. 각 기관들이 사용하는 말이 다르고, 정의하고 있는 범주가 달라서 혼란스러울 때도 있을 것이다. 이 자료들을 통해 무심코 썼던 말들도 다시 한번 되돌아보며 언어에 관한 감수성을 더 넓고 깊게 다지는 기회가 되었으면 한다.

우리나라 국가인권위원회에서는 2019년, 『제2차 이주 인권 가이드라인』을 수립하여 권고하고 있다. '인종 차별을 금지하고 이주민이 평등하게 존중받을 권리', '이주민이 공정하고 우호적인 조건에서 노동할 권리'를 보장하자는 내용을 비롯해 '이주여성의 인권을 보호하고 이주정책에 젠더에 대한 관점 반영하기' 등 10대 가이드라인을 제시했다. 최근 우리 사회의 이주민 관련 정보와 이주 인권 양상도 함께 수록되어 있으니 도서관 프로그램을 기획할 때 참고하면 유용할 것이다.

도서관 다문화서비스에 있어서는 나 또한 아직 배우고 익혀야 할 일들이 많은 걸음마 단계이다. 답이 무엇인지, 우리 사회가 어디로 향할지는 아무도 장담할 수 없다. 그러나 도서관에서 일을 하고, 이 책을 읽는 사람들이라면, 우리가 마주한 다문화 사회를 좀 더 넓은 시각으로 보면서 평등하고 조화로운 세상을 만들어가기 위해 한 걸음 한 걸음 앞으로 나아가 보았으면 좋겠다.

# 추천 | 다문화도서관에서 함께 읽으면 좋은 책

- **그림책**

『내가 라면을 먹을 때』(하세가와 요시후미 지음, 장지현 옮김, 고래이야기, 2019)

『내 이름은 난민이 아니야』(케이트 밀너 지음, 마술연필 옮김, 보물창고, 2017)

『내 친구 지구』(패트리샤 매클라클랜 글, 프란체스카 산나 그림, 김지은 옮김, 미디어창비, 2020)

『다다다 다른 별 학교』(윤진현 지음, 천개의바람, 2018)

『달라도 친구』(허은미 지음, 정현지 그림, 웅진주니어, 2010)

『도착』(숀 탠 글그림, 사계절, 2008)

『루빈스타인은 참 예뻐요』(펩 몬세라트 지음, 이순영 옮김, 북극곰, 2014)

『민들레는 민들레』(김장성 지음, 오현경 그림, 이야기꽃, 2014)

『슈퍼 거북』(유설화 지음, 책읽는곰, 2014)

『엄마는 토끼 아빠는 펭귄 나는 토펭이!』(에스텔 비용 스파뇰 지음, 조정훈 옮김, 키즈엠, 2014)

『오리야? 토끼야?』(에이미 크루즈 로젠탈 글, 탐 리히텐헬드 그림, 서연 옮김, 아이맘, 2010)

『우리 여기 있어요, 동물원』(허정윤 글, 고정순 그림, 킨더랜드, 2019)

『우리는 엄마와 딸』(정호선 지음, 창비, 2014)

『우산을 쓰지 않는 시란 씨』(다니카와 슌타로, 국제앰네스티 글, 이세 히데코 그림, 김황 옮김, 천개의바람, 2017)

『원피스를 입은 모리스』(크리스틴 발다키노 글, 이자벨 말랑팡 그림, 신수진 옮김, 키다리, 2016)

『위를 봐요!』(정진호 지음, 은나팔, 2014)

『인어를 믿나요?』(제시카 러브 지음, 김지은 옮김, 웅진주니어, 2018)

『찬이가 가르쳐 준 것』(허은미 글, 노준구 그림, 한울림스페셜, 2017)

『평화 책』(토드 파 지음, 엄혜숙 옮김, 평화를품은책, 2016)

『평화를 말해요』(샘 윌리엄스 글, 미쿠 모리우치 그림, 김희정 옮김, 뻬아제어린이, 2009)

『피터의 편지』(에즈라 잭 키츠 지음, 이진수 옮김, 비룡소, 1996)

『행복을 나르는 버스』(맷 데 라 페냐 글, 크리스티안 로빈슨 그림, 김경미 역, 비룡소, 2016)

『행복한 우리 가족』(한성옥 지음, 문학동네어린이, 2006)

■ **어린이와 함께 읽는 책**

『나의 미누 삼촌』(이란주 글, 전진경 그림, 우리학교, 2019)

『닐과 순다리』(마탈리 퍼킨스 글, 제이미 호건 그림, 김선희 옮김, 도토리숲, 2020)

『다문화 사회』(윤예림 글, 김선배 그림, 풀빛, 2020)

『한 집에 62명은 너무 많아!』(송미영 글, 김다정 그림, 사계절, 2016)

■ **청소년과 함께 읽는 책**

『내 이름은 욤비』(욤비 토나 · 박진숙 지음, 이후, 2013)

『다른 게 나쁜 건 아니잖아요』(SBS 스페셜 제작팀 지음, 꿈결, 2012)

『반달』(김소희 만화, 만만한책방, 2018)

『세상을 바꾼 이슬람』(이희수 지음, 다른, 2015)

『왜요, 그 말이 어때서요?』(김청연 지음, 김예지 일러스트, 동녘, 2019)

■ **어른이 먼저 읽으면 좋은 책**

『독서교육, 어떻게 할까?』(김은하 지음, 학교도서관저널, 2014)

『동네도서관이 세상을 바꾼다』(이소이 요시미쓰 지음, 홍성민 옮김, 펄북스, 2015)

『선량한 차별주의자』(김지혜 지음, 창비, 2019)

『여기는 기계의 도시란다: 네팔 이주노동자의 시집』(뻐라짓 뽀무 외 34명 지음, 모헌 까르끼·이기주 옮김, 삶창, 2020)

『우리는 모두 집을 떠난다』(김현미 지음, 돌베개, 2014)

『인권의 최전선』(조효제 지음, 교양인, 2020)

『이기적인 착한 사람의 탄생』(유범상, 학교도서관저널, 2018)

『차별의 언어』(장한업 지음, 아날로그, 2018)

『처음 시작하는 독서동아리』(김은하 지음, 학교도서관저널, 2016)

『코리안 티처』(서수진 지음, 한겨레출판, 2020)

# 본문에 등장한 책

■ **그림책**

『가족 123』(정상경 지음, 초방책방, 2004) *202 p*

『거인이 살고 있어요』(세이비어 피로타 글, 마크 로버트슨 그림, 김경미 옮김, 보림, 2017) *209 p*

『나오니까 좋다』(김중석 지음, 사계절, 2018) *177 p*

『너는 어떤 씨앗이니?』(최숙희 지음, 책읽는곰, 2013) *35 p*

『너무너무 공주』(허은미 글, 서현 그림, 만만한책방, 2018) *185 p*

『넉 점 반』(윤석중 글, 이영경 그림, 창비, 2004) *202 p*

『늑대가 들려주는 아기돼지 삼형제 이야기』(존 셰스카 글, 레인 스미스 그림, 보림, 1996) *49 p*

『도서관은 어떤 곳일까?』(아카기 간코 글, 스가와라 게이코 그림, 고향옥 옮김, 달리, 2008) *259 p*

『바빠요 바빠』(윤구병 지음, 이태수 그림, 보리, 2000) *202 p*

『숲 속 재봉사』(최향랑 지음, 창비, 2010) *267 p*

『민들레는 민들레』(김장성 지음, 오현경 그림, 이야기꽃, 2014) *267 p*

『슈퍼 고양이』(고정순 지음, 웅진주니어, 2016) *139 p*

『알사탕』(백희나 지음, 책읽는곰, 2017) *130, 162-163, 263, 267 p*

『앤서니 브라운의 마술 연필』(앤서니 브라운·꼬마 작가들 지음, 서애경 옮김, 웅진주니어, 2010) *207 p*

『엄마 왜 안 와』(고정순 글·그림, 웅진주니어, 2018) *139 p*

『우리 여기 있어요, 동물원』(허정윤 글, 고정순 그림, 킨더랜드, 2019) *140-141 p*

『이 세상 최고의 딸기』(하야시 기린 글, 쇼노 나오코 그림, 길벗스쿨, 2019) *78 p*

『재주 많은 일곱 쌍둥이』(홍영우 지음, 보리, 2012) *67 p*

『준치 가시』(백석 지음, 김세현 그림, 창비, 2006) *263 p*

『철사 코끼리』(고정순 지음, 만만한책방, 2018) *263 p*

『최고 멋진 날』(고정순 글·그림, 웅진주니어, 2013) *139-140 p*

『커졌다!』(서현 지음, 사계절, 2012) *208 p*

『평화를 말해요』(샘 윌리엄스 글, 미쿠 모리우치 그림, 김희정 옮김, 뻬아제어린이, 2009) *260 p*

『할머니의 여름휴가』(안녕달 지음, 창비, 2016) *164 p*


■ **전래 동화**

『금도끼 은도끼』(작자 미상) *145 p*

『토끼와 거북이』(작자 미상) *145 p*

『콩쥐 팥쥐』(작자 미상) *145-148 p*

『해님 달님』(작자 미상) *145 p*


■ **청소년과 함께 읽는 책**

『내 이름은 욤비』(욤비 토나·박진숙 지음, 이후, 2013) *216 p*


■ **어른이 먼저 읽으면 좋은 책**

『그리고 아무도 없었다』(애거서 크리스티 지음, 해문출판사·황금가지 등 펴냄) *101 p*

『그리스인 조르바』(니코스 카잔카키스 지음, 열린책들·문학과지성사 등 펴냄) *102 p*

『나미야 잡화점의 기적』(히가시노 게이고 지음, 양윤옥 옮김, 현대문학, 2012) *116 p*

『네팔은 여전히 아름답다』(서윤미 지음, 스토리닷, 2017) *243, 248 p*

『데프 보이스』(마루야마 마사키 지음, 최은지 옮김, 황금가지, 2017) *168 p*

『벚꽃지는 계절에 그대를 그리워하네』(우타노 쇼코 지음, 김성기 옮김, 한즈미디어, 2019) *101 p*

『블랙홀과 시간여행』(킵 손 지음, 박일호 옮김, 오정근 감수, 반니, 2016) *101 p*

『순이삼촌』(현기영 지음, 창비, 2006) *101 p*

『스노우맨』(요 네스뵈 지음 지음, 노진선 옮김, 비채, 2012) *101 p*

『시를 잊은 그대에게』(정재찬 지음, 휴머니스트, 2020) *106 p*

『신의 입자』(리언 데이먼 · 딕 테레시 지음, 박병철 옮김, 휴머니스트, 2017) *113 p*

『안녕하다』(고정순 지음, 제철소, 2016) *140 p*

『연을 쫓는 아이』(할레드 호세이니 지음, 왕은철 옮김, 현대문학, 2010) *160 p*

『조선이 버린 천재들』(이덕일 지음, 옥당, 2019) *17 p*

『채식주의자』(한강 지음, 창비, 2007) *101 p*

『처음 시작하는 독서동아리』(김은하 지음, 학교도서관저널, 2016) *99 p*

『태백산맥』(조정래 지음, 해냄, 2003) *160 p*

『코스모스』(칼 세이건 지음, 홍승수 옮김, 사이언스북스, 2006) *113 p*

『환상의 여인』(윌리엄 아이리시 지음, 이은선 옮김, 엘릭시르, 2012) *101 p*

『Y의 비극』(앨러리 퀸 지음, 해문출판사 · 검은숲 등 펴냄) *101 p*

추천의 글

다문화도서관에 새로운 사서가 왔던 때를 명확하게 기억한다. 항상 처져 있던 도서관의 분위기가 활기차게 바뀌었고 드나드는 사람들이 다양하고 많아졌다. 무엇보다 도서관에서 이주민들의 자조모임을 한다는 것도 놀라웠지만 사서가 직접 책을 들고 쉼터까지 가는 열정에 깜짝 놀랐다.

자조모임을 시작으로 매일매일 재미있는 프로그램들이 진행되며 도서관이 이주민들의 소중한 사랑방이 되어가는 과정을 낱낱이 지켜보았다. 내가 바라본 다문화도서관은 이용자도 사서도 행복한 공간이었고 자연스럽게 서로에 대한 신뢰를 쌓아가는 곳이었다.

그 과정에서 이주민들이 주체가 될 수 있도록 한 일은 사서의 역할 중 가장 빛나는 부분이다. 사서 한 사람의 역할이 얼마나 중요한지, 이주민이 공동체를 이루어 살아갈 수 있는 권리가 얼마나 소중한지 새삼 느끼게 되었다.

이주민을 사회의 소수자로만 생각하는 우리의 인식과 정책을 바꾸어야 한다는 메시지가 책 속 곳곳에서 잔잔하게 다가온다. 무엇보다 사람 냄새 나는 유쾌한 이야기들이 우리의 미소를 자아낸다. 또한 정은주 사서의 삶의 태도에서 배어 나오는 땀과 정성, 그 노고의 결실을 활자로 보게 되는 일은 우리에게 따뜻함을 주는 매우 기쁜 순간으로 남을 것이다.

**윤명숙**
(마을만들기 경기네트워크 공동운영위원장, 사단법인 더좋은공동체 대표)

부록

서울에서 이주해 안산에서 살아온 세월이 20년을 훌쩍 넘었고, 이주인권 관련 활동을 해 온 지도 그만큼의 시간이 흘렀다. 그동안 안산 원곡동은 '다문화 마을'이라는 명칭으로 바뀌었고, 이주노동자들이 일하던 공단의 소비 역할에 그쳐 있던 동네는 더 나아가 낯선 문화를 편견 없이 대하며 손숭하는 다문화 공간으로 자리 잡았다.

'다문화'를 내건 곳 중에는, 정작 이주민은 파편화된 채 선주민과 함께 어울리지 못하는 공간이 많다. 이주민들이 한국 문화를 비롯한 다른 문화를 받아들이지 못하고 출신국 문화와 민족 정체성에만 머물게 되는 곳도 많다.

하지만 다문화도서관은 진정한 소통이 가능한 곳이었다. 같이 읽어내는 힘을 믿으며 생소한 캄보디아어로 낭독을 듣다 보면 감동이 밀려오는 곳이기도 했다. 이주민과 선주민이, 모두에게 생소한 언어인 수어로 소통하기도 하고 다양한 프로그램에 함께 참여하는 모습도 볼 수 있다.

정은주 선생님의 한발 더 나아간 기획과 반짝이는 아이디어는 문화 차이와 언어 차이로 인한 소통의 어려움을 가뿐이 뛰어넘게 했다. 도서관에서 우리는 서로서로 연결된 공동체의 일원임을 확인할 수 있었고 사람다운 삶을 만드는 데 필요한 마음과 행동을 모아낼 수 있었다. 아이부터 노년에 이르기까지 연령과 피부색, 출신국, 민족 그리고 사회적 위치나 신분에 관계없이, 책을 통해 사람과 사람이 이어졌다. 도서관은 물리적으로 매우 협소했지만 이용자들은 누구보다 넓은 마음으로 포용하고 배려하며 서로의 마음을 채웠다.

거기에 정은주라는 사람이 있었다. 그녀가 기록해 낸 이야기 속 일들은 일상의 기적이고 감사였으며 희망을 심는 밭이었다. 마지막 장을 덮으면 어떤 거대한 담론이나 투쟁보다 귀한 일상 속 소소한 만남이 관계를 어떻게 확장하는지 발견하고, 책이 줄 수 있는 변화의 힘을 만나며 또 한 번 놀라게 될 것이다.

정혜실
(이주민방송 MWTV 대표)

글에 이런 문구가 있다.

"나는 주최자이기도 했다가 때로는 꼭 손님 같기도 했다."

원고를 하나하나 읽으며 나는 꼭 내가 독자가 되었다가 때로는 집필자 같기도 했다. 이야기 속에서 살아 숨 쉬고 있음을 느꼈다.

글 마디마디에서 소통이란 두 글자가 뇌리를 벗어나지 않았다. 선주민, 이주민, 다문화, 결혼이주여성, 고려인 동포, 중국 동포, 조선족……. 참 많고도 많은 단어들이 우리 사회를 구분하고 사람들을 차별하는 데 쓰인다. 하지만 더 나은 삶을 위해 살던 곳을 떠나 한국이란 새로운 정착지를 선택한 사람들은 같이 소통하고 같이 성장하고 싶어 했다. 거스를 수 없는 물결 같은 흐름 속에서 사람들은 다문화도서관을 통해 스스로가 삶의 주체가 되고 또 하나가 되어갔다. 틀림이 아닌 다름, 배척이 아닌 포용을 실천할 수 있는 이 '자그마한' 아니 '거대한' 다문화도서관은 우리가 선주민과 이주민이라는 이름에서 벗어나 그저 '세계인'으로서 숨 쉴 수 있는 하나의 지구였다. 그래서 그곳에서는 시간 가는 줄 몰랐고, 웃을 수 있었고, 이해할 수 있었고 서로 손 잡아줄 수 있지 않았을까?

소통이란 이런 것이다. 그렇게 거창하지도 무겁지도 않다. 그런데 우리 사회는 왜 소통을 어려워하고 두려워할까? 벽을 깨는 작은 용기는 어디에 있으며, 어떻게 발견할 수 있을까? 『즐거운 다문화도서관』이 그 답을 알려주는 듯하다. 재미있게 읽었지만 참 많은 생각을 하게 하는 이야기이다. 이러한 '다문화도서관'이 여기저기에서 우후죽순 생겨나길 바란다. 우리 일상에서부터 차별 없는 한국을 만들어나갈 수 있다는 믿음을 갖게 해준 정은주 선생님에게 감사 인사를 전한다.

**최연화**
(한국다문화협의회 사무총장, 다문화맘모임 대표)

## 도서관 이용자들의 한마디

**네팔**

हामी कविता र साहित्य
मन पराउँछौं

우리는 시와 문학을 사랑합니다

**인도네시아**

Saya bertemu dengan teman
saya di perpustakaan.

저는 도서관에서 친구도 이웃도 만났습니다.
도서관이 좋아요!

**캄보디아**

우리는 책을 사랑합니다

**미얀마**

책을 많이 읽을 수 있도록 노력하는 중입니다!

**일본**

木でつながる お隣さん

우리는 책으로 만난 이웃입니다.

**러시아**

Мы любим
библиотеку

우리는 도서관을 사랑합니다.

**중국**

欢迎
来图书馆 玩吧!

도서관에 놀러 오세요!

**한국**

지금 가까운 도서관으로 달려가 보세요!
책과 함께, 믿을 수 있는 이웃들을 만날 수 있답니다.

本でつながる お隣さん
우리는 책으로 만나는 이웃입니다.
책을 사랑하는 누구나 환영합니다.
欢迎
来图书馆 玩吧!
Saya bertemu dengan teman
Saya di perpustakaan.

우리는 책으로 만난 이웃입니다.
책을 사랑하는 누구나 환영합니다.

欢迎
来图书馆 玩吧!

Saya bertemu dengan teman
saya di perpustakaan.